初めてでも
作れる！

クラフトバンドの
かご・バッグ&こもの

松田裕美 編著

Gakken

はじめに

「クラフトバンド」とは牛乳パックなどの再生紙でできている
環境に優しいエコな紙紐です。
価格がお手ごろで初めての方でも始めやすく、
カラーバリエーションも豊富なので
かわいい雑貨やバッグが作れると最近大注目されています。

そんな「クラフトバンド手芸」には
100通りの編み方をマスターし、
一般社団法人クラフトバンドエコロジー協会から認定された講師がいます。
この本では、普段は全国各地で開かれている教室や展示会に行かなければ
見ることができない“認定講師の作品”を厳選、一挙に紹介しました。

デザイン性に優れた実用的な作品を見られるだけではなく
本書は材料や作り方をわかりやすく解説しています。
さらに、上級者の方にも満足していただけるよう
いろんなカタチに応用できる編み方も初公開していますので
刺激を受けたり、新しいデザインがひらめいたり、
そんな体験もできるかもしれません。

小さな可愛い「こもの」から大きめの「バッグ」まで
さまざまなジャンルが盛り込まれていますので
お気に入りが見つかるはずです。

「クラフトバンド」からうまれる好きな色、好きなカタチに囲まれた生活を
はじめてみませんか？

一般社団法人クラフトバンドエコロジー協会
代表理事　松田 裕美

もくじ

chapter 1 かご雑貨

chapter 2 こもの

chapter 3

バッグ

［基本の編み方］

ミニ編み方索引

準備する道具

＊マークは M's Factory 取扱アイテムです。
その他、ハケやぬれ布巾など必要に応じて準備してください。

PPバンド

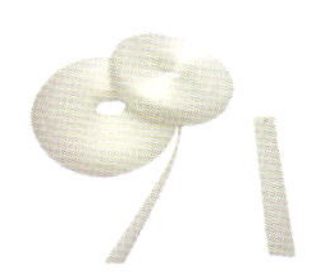

クラフトバンドがきれいに割ける。荷造り用のプラスチックバンド。＊

メジャー

クラフトバンドの長さを測る。長く柔らかなものが良い。

木工用ボンド

クラフトバンドを貼り合わせる時に使用。＊

クラフト軽量ハサミ

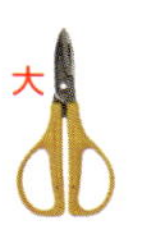

クラフトバンドのカット時に使用。普通のハサミより楽にカットでき、切れ味が良い。＊

マスキングテープ

クラフトバンドを固定する時に使用＊（セロハンテープでも可）。

洗濯バサミ

クラフトバンドの固定など色々なところで活躍。

キリフキ

隙間を詰める時に使用。

あると便利

方眼ボード

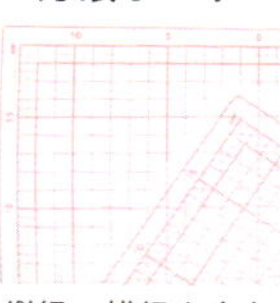

縦紐、横紐を直角に揃える時に便利。＊

目打ち

細かい部分の始末をする時に使用。

文鎮

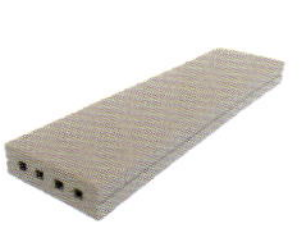

底を組む時、押さえるのに便利。

30cm定規

立ち上げ時に使用。

ニス

作品に光沢が出る。耐水性もアップ。＊

ラジオペンチ

細かい部分をつかんだり、丸めたり、加工する時に使用。

基礎知識

[クラフトバンドの割き方]

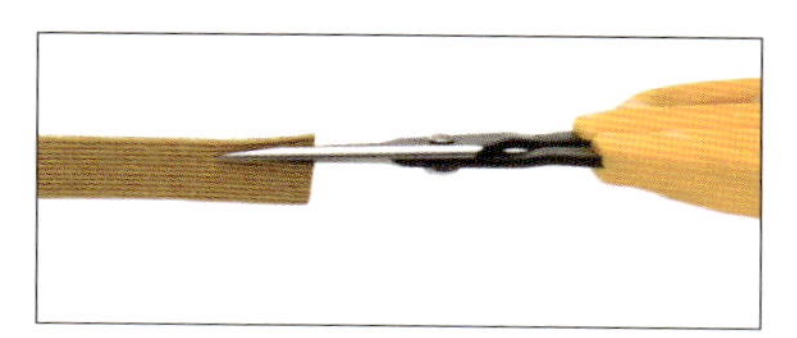

1 クラフトバンドは必要な幅に割いて使用する。クラフトバンドの端にハサミで切り込みを入れる。

2 PPバンドで割く。

[洗濯バサミの留め方]

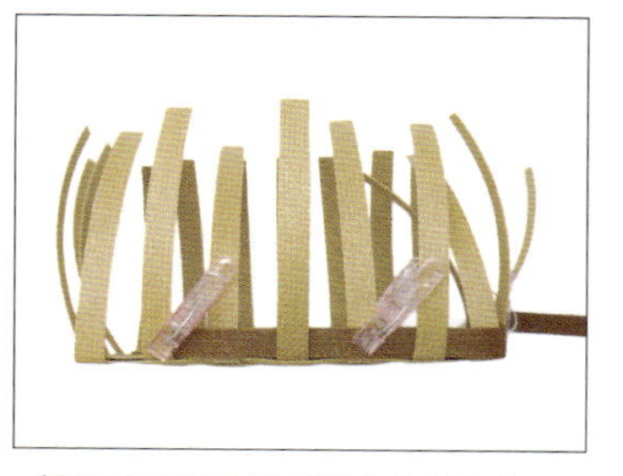

編む時に編み紐が浮き上がらないように、縦紐と編み紐を洗濯バサミで一緒に押さえる。

[ボンドの付け方]

 クラフトバンド全体にボンドを付ける。

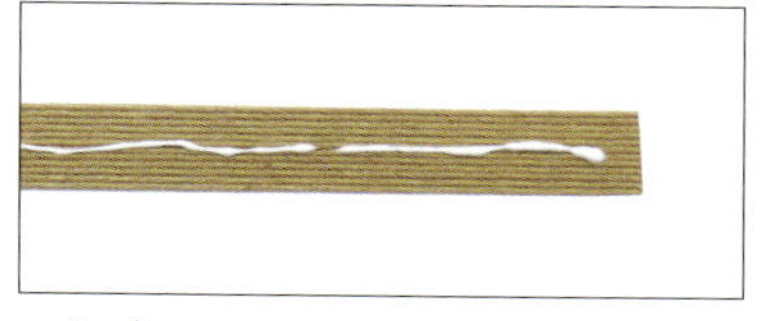

× ボンドの量が少ないと剥がれることがある。

［ 貼り合わせ方 ］

1 貼り合わせたいクラフトバンドを用意する。

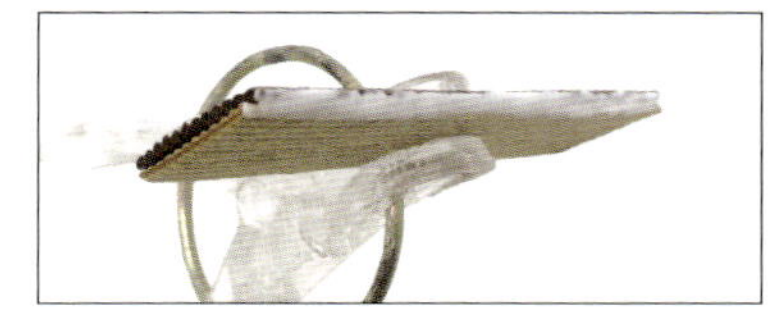

2 2本を重ねて写真のようにボンドを付ける。

3 隙間ができないようにしっかり押さえ、平らにする。はみ出したボンドはぬれ布巾などで拭き取る。

［ フラワーの紐の付け方 ］

1 付け紐（20㎝ 1 本幅）の中心をフラワーの裏側にボンドで固定する。

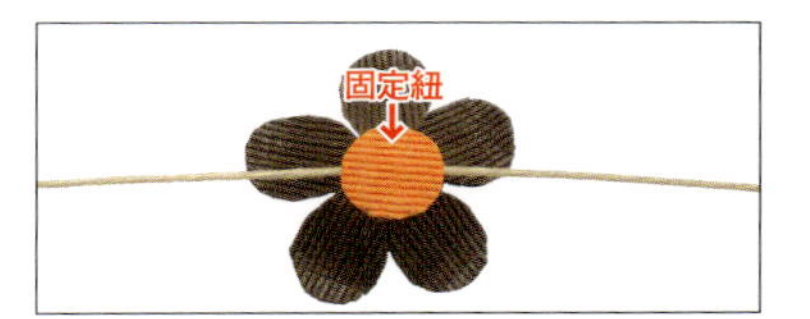

2 固定紐を直径 1㎝に丸くカットし、ボンドで固定する。
※写真は紐の色を変えています。

3 表から見たところ。

［ リボンの紐の付け方 ］

1 付け紐（18㎝ 1 本幅）を結んで輪にする。※写真は紐の色を変えています。

2 巻き紐（8㎝ 3 本幅）をボンドで固定し、付け紐の輪を通す。

3 巻き紐を 1 周巻いてボンドで固定する。

［ 作品への付け方 ］

1 好きな作品に付け紐を通す。

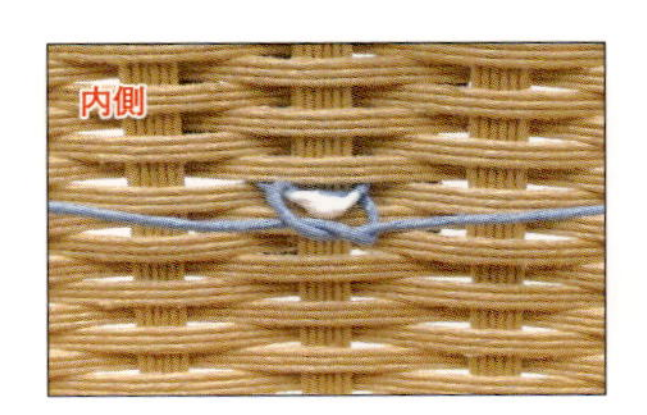

2 内側で 2 回結び、結び目の間にボンドを付ける。

3 引き締めて余分をカットする。

4 結び目にしっかりボンドを付けて固定する。

5 お出かけバッグにフラワーを 6 個付けたところ。

この本の使い方

クラフトバンドは12本のこよりを平らに貼り合わせた紙紐です。指定の幅数に割いてご使用ください。

初・中・上級者の3つの作品レベルで難易度がわかります！

用意するクラフトバンドの合計の長さが一目でわかります！

同じ色ではわかりにくい部分は紐の色を変えてあるので見やすい！

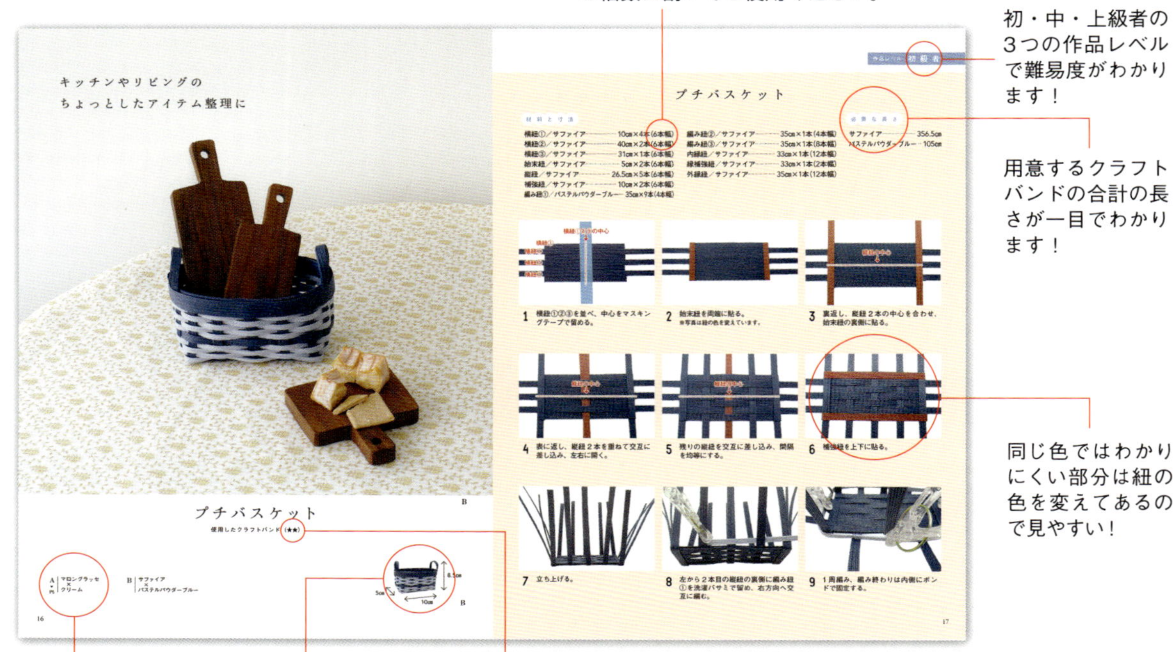

カラーバリエーション作品の色の説明。この作品Aは2色使っている事がわかります。

完成写真に寸法がついているので実際の大きさがつかみやすい！

要チェック！

レシピで使用しているクラフトバンドの種類を表示しています。

種類
- ★★……12本幅のクラフトバンド。幅＝約1.3～1.4㎝
- ★★★…12本幅のクラフトバンド。幅＝約1.5～1.6㎝
- ダブル…24本幅のクラフトバンド。幅＝約3㎝
- ハード…12本幅の厚みがあり、固くて丈夫なクラフトバンド。幅＝約2㎝

※クラフトバンドの素材や種類、色見本については、P103～109を参照してください。

作りたい作品が見つかったら、巻末の色見本でお好きな色をチョイス。お店を探さなくても、電話・FAX・インターネットから注文できます！

5 引き締める（逆編み）。
※逆編み：P102参照

巻末の参照ページには4種類の基本の編み方があり、教科書のように詳しくわかります！

ボタンや持ち手などの特殊な編み方も覚えられて、応用に使えます！

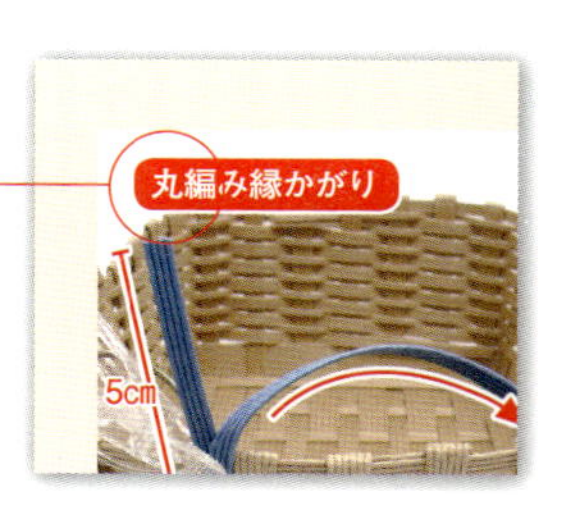

形が取りにくいものは型紙付き！

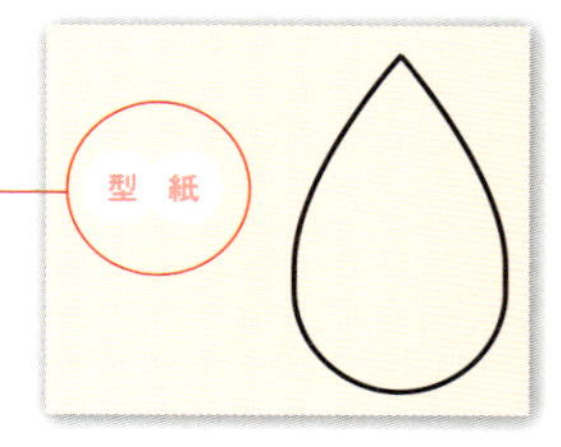

chapter 1

×××××××××××××××××××××××××××××××

かご雑貨

リビングやキッチンなどお部屋の雑貨整理に役立つかごや、
休日のレジャーに大活躍しそうなバスケットを集めました。好みの色や形を選んで、
かわいいオリジナルのアイテムづくりにトライしてみてください。

キッチンやリビングの
ちょっとしたアイテム整理に

B

プチバスケット

使用したクラフトバンド（★★）

A ▼ P5 | マロングラッセ × クリーム

B | サファイア × パステルパウダーブルー

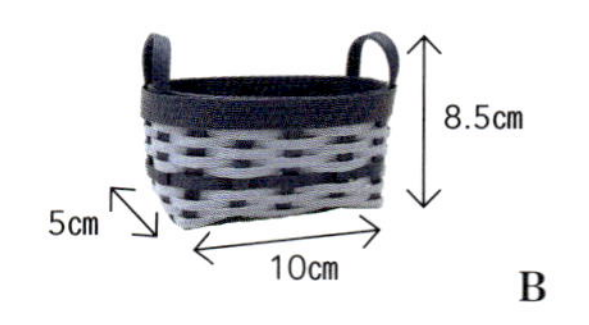

B

プチバスケット

材料と寸法

横紐①／サファイア……10cm×4本(6本幅)
横紐②／サファイア……40cm×2本(6本幅)
横紐③／サファイア……31cm×1本(6本幅)
始末紐／サファイア……5cm×2本(6本幅)
縦紐／サファイア……26.5cm×5本(6本幅)
補強紐／サファイア……10cm×2本(6本幅)
編み紐①／パステルパウダーブルー……35cm×9本(4本幅)
編み紐②／サファイア……35cm×1本(4本幅)
編み紐③／サファイア……35cm×1本(8本幅)
内縁紐／サファイア……33cm×1本(12本幅)
縁補強紐／サファイア……33cm×1本(2本幅)
外縁紐／サファイア……35cm×1本(12本幅)

必要な長さ

サファイア……356.5cm
パステルパウダーブルー…105cm

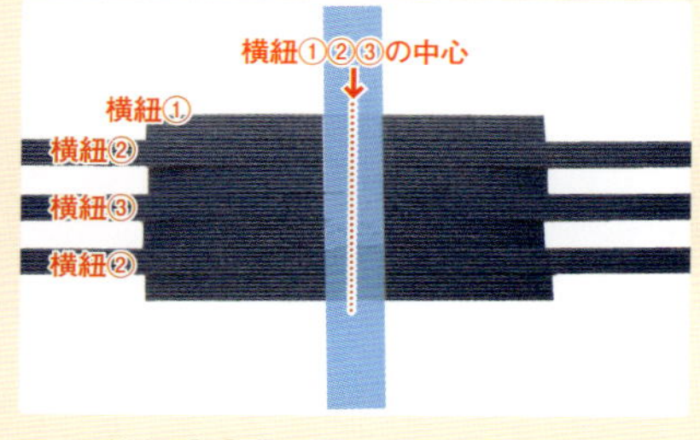

1 横紐①②③を並べ、中心をマスキングテープで留める。

2 始末紐を両端に貼る。
※写真は紐の色を変えています。

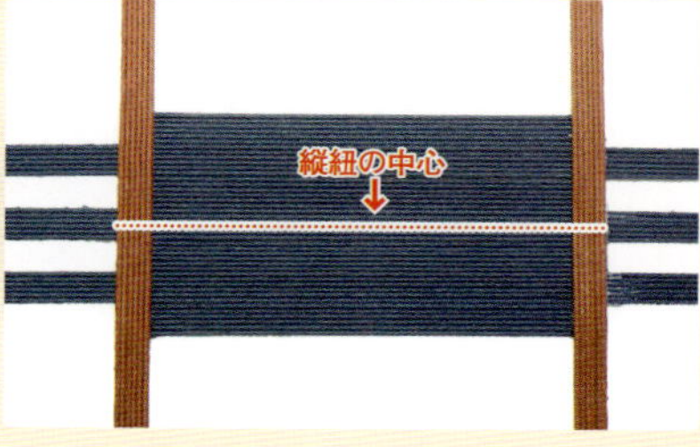

3 裏返し、縦紐２本の中心を合わせ、始末紐の裏側に貼る。

4 表に返し、縦紐２本を重ねて交互に差し込み、左右に開く。

5 残りの縦紐を交互に差し込み、間隔を均等にする。

6 補強紐を上下に貼る。

7 立ち上げる。

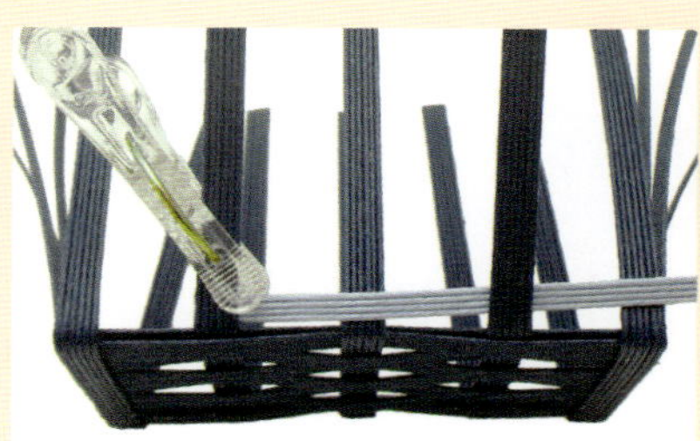

8 左から２本目の縦紐の裏側に編み紐①を洗濯バサミで留め、右方向へ交互に編む。

9 １周編み、編み終わりは余分をカットし、内側にボンドで固定する。

10 編み紐①で井桁に組み、２段編んだところ。

11 編み紐①で計４段編み、編み紐②で１段編む。

12 編み紐①で５段編み、編み紐③で１段編む。

13 横紐②を残し、最上段を包むように紐を前後に折る。
※写真は紐の色を変えています。

14 折った紐は余分をカットし、下段に差し込む。

15 横紐②の先端にボンドを付け、最上段に固定する。

16 横紐②を重ねて貼り合わせる。

17 反対側も同様にする。

18 内側に内縁紐を４本幅分、上に出して貼る。

19 縁補強紐を突き合わせにして貼る。
※写真は紐の色を変えています。

20 外縁紐を貼る。

完成！

スウィートバスケット

使用したクラフトバンド（★★）

A | パステルグレー × パウダースノー

B | ピーチツリー × パステルパウダーピンク

A

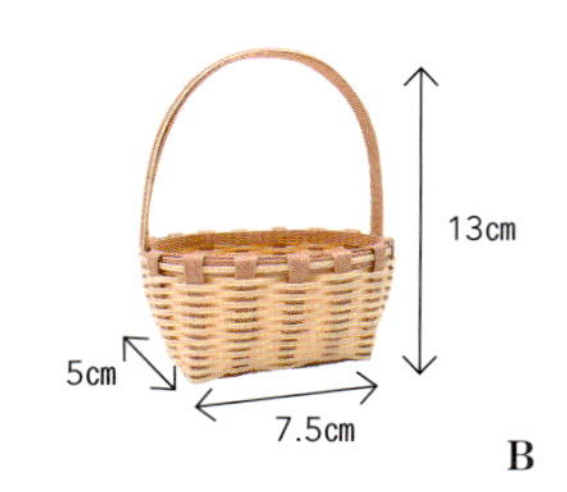

B

スウィートバスケット

材料と寸法

横紐①／ピーチツリー………… 7.5cm×4本(6本幅)
横紐②／ピーチツリー………… 26cm×3本(6本幅)
始末紐／ピーチツリー………… 5cm×2本(6本幅)
縦紐／ピーチツリー………… 23cm×5本(6本幅)
補強紐／ピーチツリー………… 7.5cm×2本(6本幅)
編み紐／パステルパウダーピンク… 320cm×2本(2本幅)
縁紐／ピーチツリー………… 35cm×1本(6本幅)
縁飾り紐／パステルパウダーピンク… 34cm×1本(2本幅)
持ち手紐／ピーチツリー………… 31cm×1本(8本幅)
持ち手飾り紐①／ピーチツリー… 22cm×1本(6本幅)
持ち手飾り紐②／パステルパウダーピンク… 22cm×1本(2本幅)
内縁紐／ピーチツリー………… 31cm×1本(6本幅)

必要な長さ

パステルパウダーピンク… 376cm
ピーチツリー………… 267.5cm

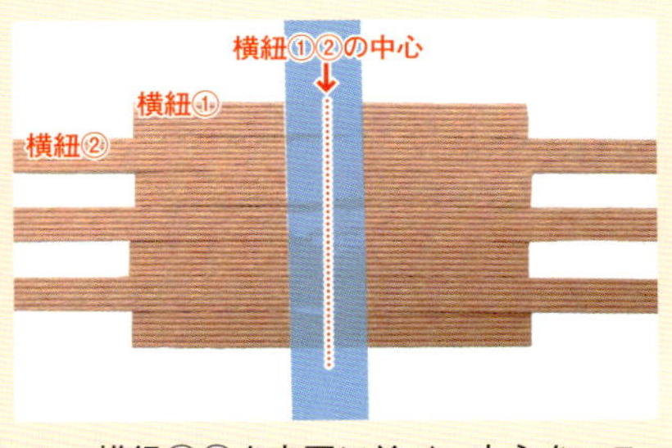

1 横紐①②を交互に並べ、中心をマスキングテープで留める。

2 始末紐を両端に貼る。
※写真は紐の色を変えています。

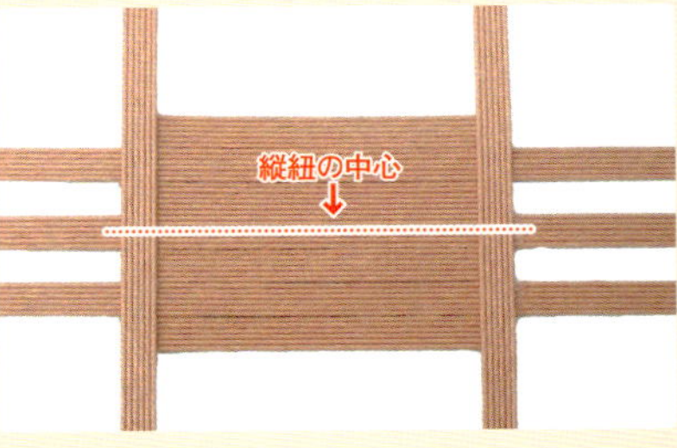

3 裏返し、縦紐２本の中心を合わせ、始末紐の裏側に貼る。

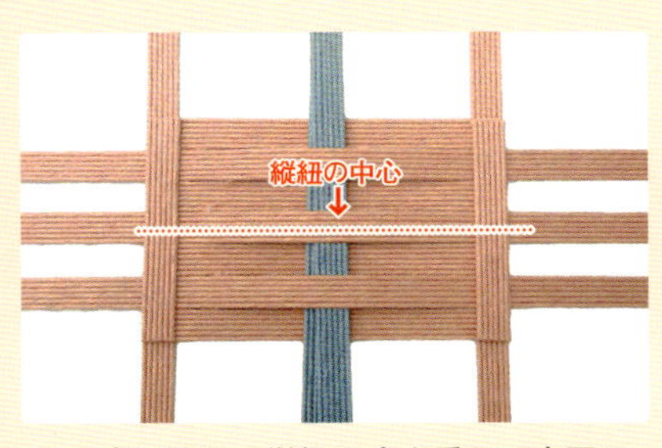

4 表に返し、縦紐２本を重ねて交互に差し込み、左右に開く。
※写真は紐の色を変えています。

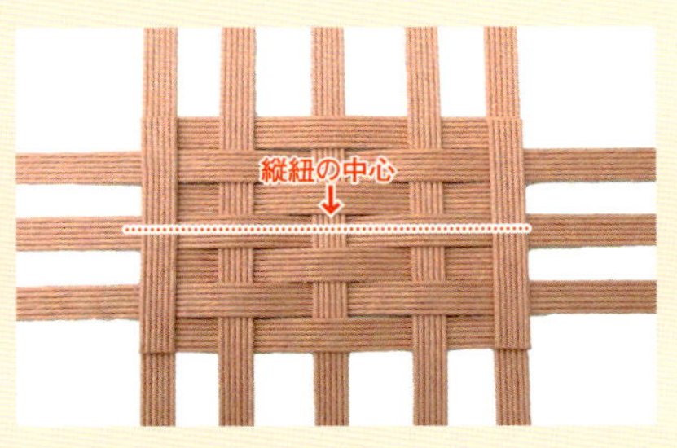

5 残りの縦紐を交互に差し込み、間隔を均等にする。

6 補強紐を上下に貼る。
※写真は紐の色を変えています。

7 立ち上げる。

8 編み紐２本の先端にボンドを付け、側面の内側に固定する。

9 ２本で交互に編む。
※追いかけ編み：P100 参照

10 3周したところ(6段)。すぼまらないように、立ち上げた紐を少し広げながら編む。

11 10周したところ（20段）。編み終わりは余分をカットし、内側にボンドで固定する。

12 縁紐の中央に縁飾り紐を貼る。

13 12の紐を交互に編み、つなぎ目は内側に隠し、ボンドで固定する。

14 写真のように中央の横紐②を残し、最上段を包むように、紐を前後に折る。
※写真は紐の色を変えています。

15 折った紐は余分をカットし、下段に差し込む。

16 横紐②を残し、全ての紐を始末したところ。

17 持ち手紐を内側からから最下段まで差し込む。反対側も同様にする。残した横紐②にボンドを付け、持ち手紐に貼る。※写真は紐の色を変えています。

18 持ち手飾り紐①の中央に持ち手飾り紐②を貼る。

19 18を外側から最上段に差し込み、持ち手紐と貼り合わせる。

20 内縁紐を貼る。

Finish!

完成！

リラックスタイムを
一緒に過ごす

A

北欧風のかご

使用したクラフトバンド（ダブル）

A
ミルク(ダブル)
×
ココア(ダブル)

B
クラフト(ダブル)
×
ライトチョコ(ダブル)
×
バニラクリーム(ダブル)

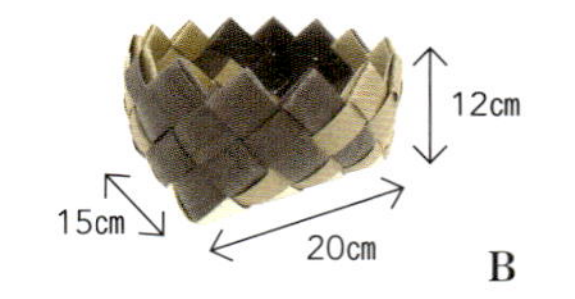

B

北欧風のかご

材料と寸法

横紐／クラフト……………………70cm×7本(24本幅)
縦紐／ライトチョコ………………70cm×7本(24本幅)
飾り紐／バニラクリーム………8cm×14本(24本幅)

必要な長さ

クラフト(ダブル)…………490cm
ライトチョコ(ダブル)……490cm
バニラクリーム(ダブル)…112cm

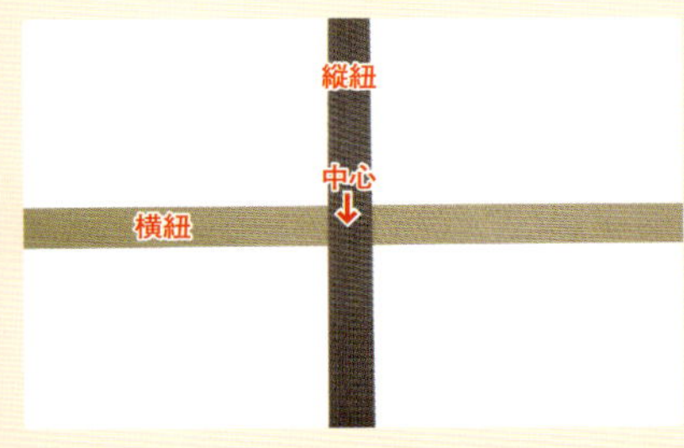

1 横紐と縦紐の中心を合わせ、ボンドで固定する。

2 中心を合わせ、横紐を交互に並べる。

3 中心を合わせ、縦紐2本を交互に差し込む。隙間は全て3mm角にする。
※写真は紐の色を変えています。

4 全ての縦紐を交互に差し込む。

5 キリフキを掛け、隙間を全て3mm角にする。写真のようにマスキングテープを貼る（側面を編み終わるまで外さない）。

6 マスキングテープが立ち上げの位置になる。定規を当て、紐を立ち上げる。

7 角をクロスさせる。
※写真は紐の色を変えています。

8 交互に編む。

9 2本目も交互に編む。

10 左方向へ同様に編む。

11 ２つ目の角を編んだところ。

12 ３つ目の角。

13 ４つ目の角。キリフキを掛け、隙間を詰めて形を整える。

14 右上がりの紐を外側に折る。

15 折った紐は余分をカットし、赤枠部分の段に差し込む。

16 残りの紐を外側に折る。

17 折った紐は余分をカットし、下段に差し込む。

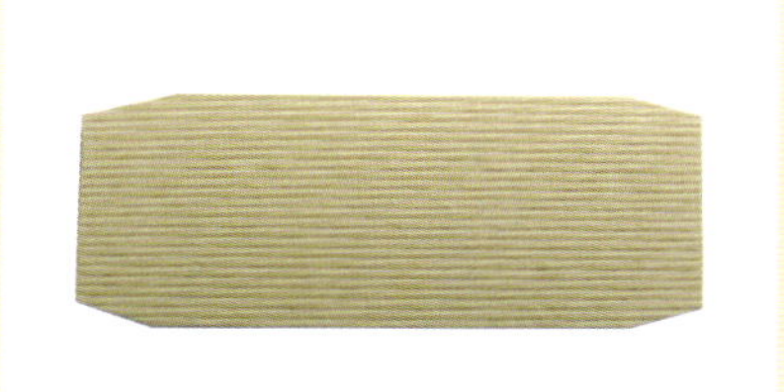

18 飾り紐の角を写真のようにカットする。

19 18にボンドを付け、写真のように差し込む。

20 同様に１周差し込む。

Finish!

完成！

竹細工のような
編み目がうつくしい

A

たて編みのかご

使用したクラフトバンド（★★★）

A｜パステルモカバニラ

B｜ライトチョコ × サーモン

C（P5）｜レッド

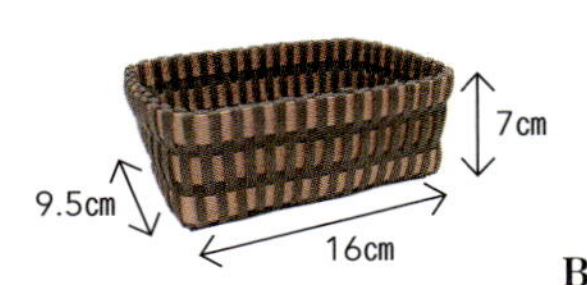

B

たて編みのかご

材料と寸法

横紐／ライトチョコ……45cm×6本（12本幅）
縦紐／ライトチョコ……40cm×10本（12本幅）
始末紐／ライトチョコ……9.5cm×4本（12本幅）
補強紐／ライトチョコ……16cm×4本（12本幅）
編み紐／サーモン……54cm×3本（12本幅）
縁紐／サーモン……56cm×1本（12本幅）

必要な長さ

ライトチョコ……772cm
サーモン……218cm

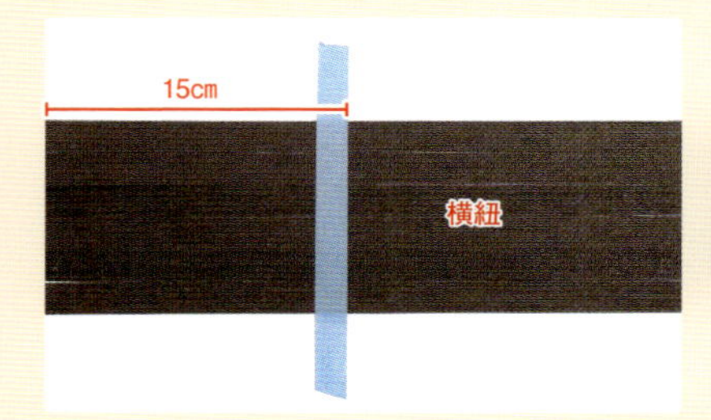

1 横紐を並べ、左端から15cmの位置をマスキングテープで留める。

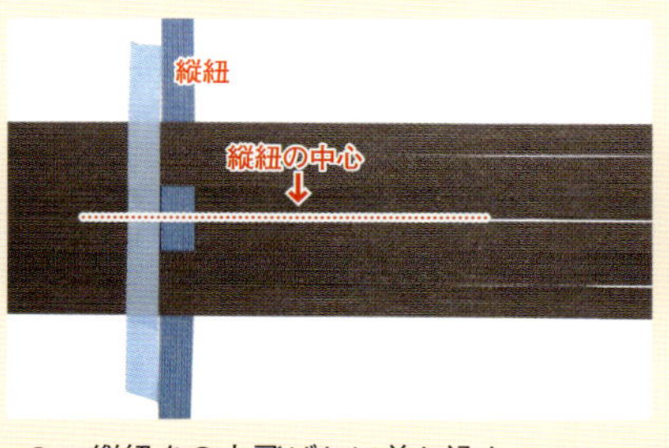

2 縦紐を２本飛ばしに差し込む。
※写真は紐の色を変えています。

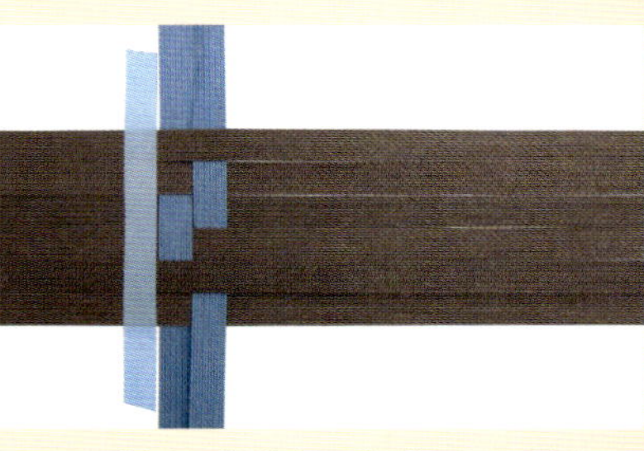

3 ２本目の縦紐を１本ずらして写真のように差し込む。

4 3本目の縦紐を写真のように差し込む。

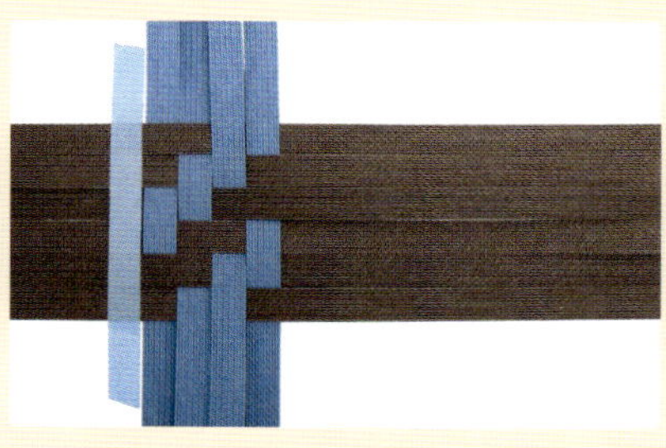

5 ４本目の縦紐を写真のように差し込む（４本で１パターンになる）。

6 縦紐４本で２～５と同様に差し込む（2パターン）。

7 縦紐２本で２～３と同様に差し込む。

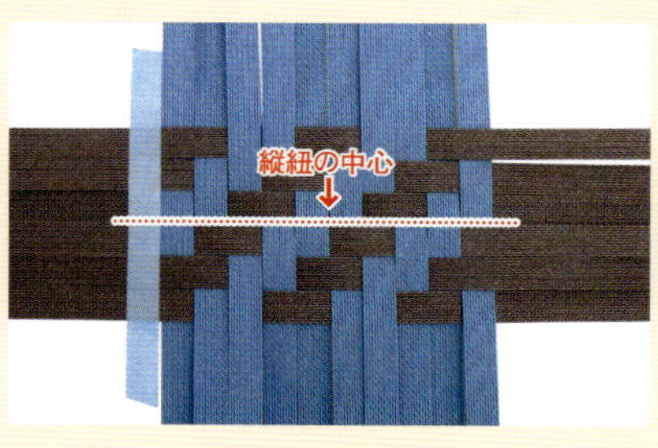

8 キリフキを掛け、隙間を詰める。

9 始末紐を両端に貼る。

10 補強紐を上下に貼る。

11 裏返し、始末紐を両端に、補強紐を上下に貼る。

12 表に返し、全ての紐を4本幅に割く。

13 立ち上げる。

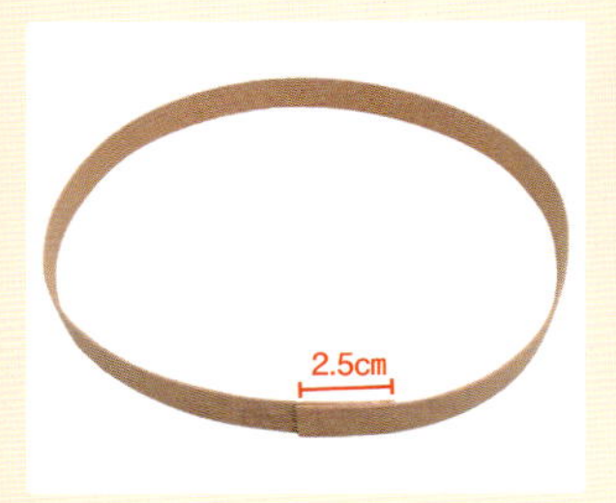

14 編み紐は2.5㎝にボンドを付けて輪にする。編み紐は全て同様に輪にする。
※輪編み：P71参照

15 立ち上げた紐を全て内側にして14を通す。

16 1本ずつ交互に外側へ出す。

17 2段目の編み紐を同様に通し、1段目に内側だった紐を外側に出す。

18 3段目の編み紐を同様に通し、2段目に内側だった紐を外側に出す。

19 キリフキを掛けて隙間を詰め、7㎝の高さに揃える。内側から出ている紐を外側に折る。

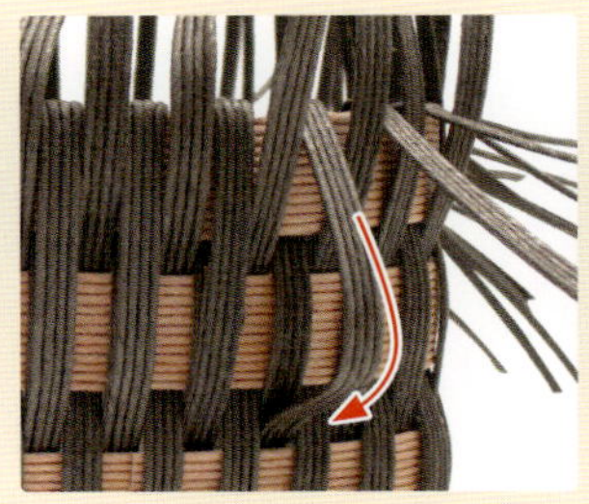

20 折った紐は余分をカットし、最下段に差し込む。

21 縁紐を最上段の外側に重ね、洗濯バサミで留める。残りの紐を下段に差し込み、余分をカットする。

22 1周同様にし、縁紐の終わりの紐は始めの紐に重ねて差し込む。残りの紐は下段に差し込み、余分をカットする。

23 縁紐と編み紐の間にボンドを付ける。

24 縁紐と編み紐を貼り合わせる。角に折り目を付けて成形する。

完成！

お花のかたちの
キュートな小箱

右から A,B

フラワーケース

使用したクラフトバンド（★★）

A | パステルいちごみるく × ローズピンク

B | ピーチツリー × ストロベリー

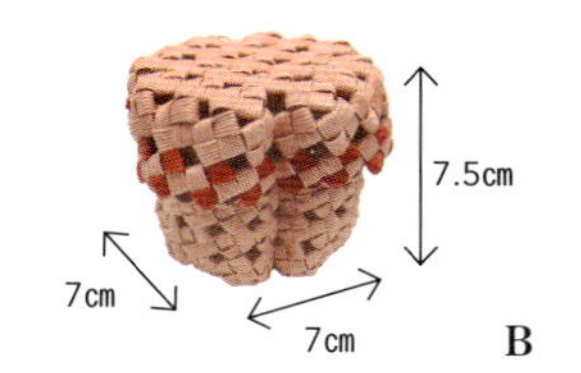

フラワーケース

材料と寸法

【本体】
横紐／ピーチツリー……85cm×5本（5本幅）
縦紐／ピーチツリー……85cm×5本（5本幅）
編み紐／ピーチツリー……105cm×5本（5本幅）

【フタ】
横紐／ピーチツリー……64cm×5本（6本幅）
縦紐／ピーチツリー……64cm×5本（6本幅）
編み紐①／ピーチツリー…130cm×1本（6本幅）
編み紐②／ストロベリー…130cm×1本（6本幅）

必要な長さ

ピーチツリー……1339cm
ストロベリー……130cm

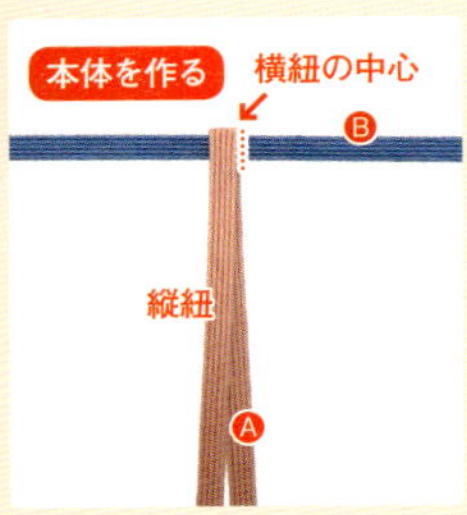

1 横紐の中心に、中心で折った縦紐を掛ける。※写真は紐の色を変えています。

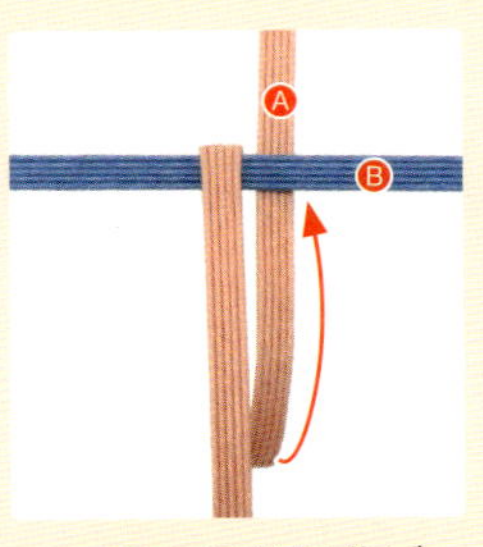

2 Ⓐを手前に曲げ、Ⓑの後ろを通し、輪を作る。

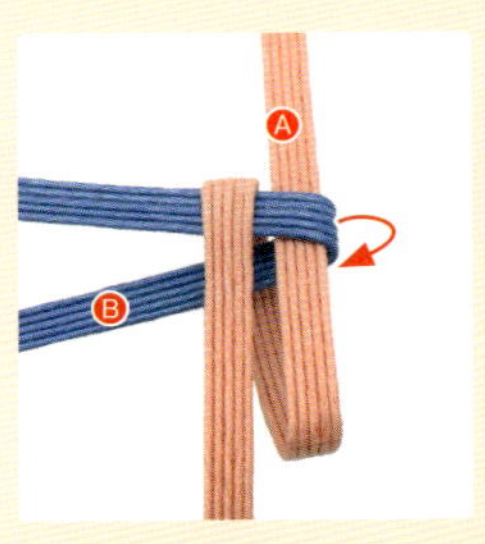

3 Ⓑを後ろに折り、Ⓐの輪に通す。

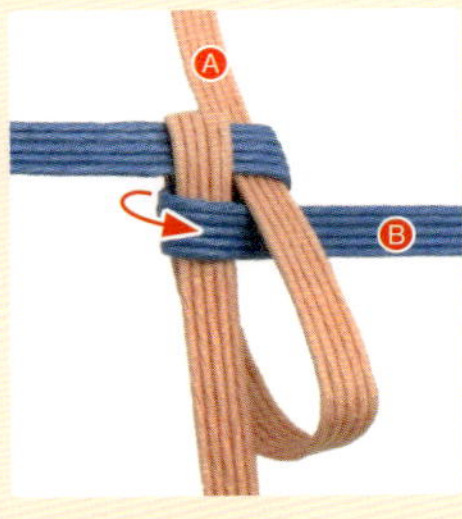

4 Ⓑを手前に折り、Ⓐの輪に通す。

5 引き締める（逆編み）。
※逆編み：P102参照

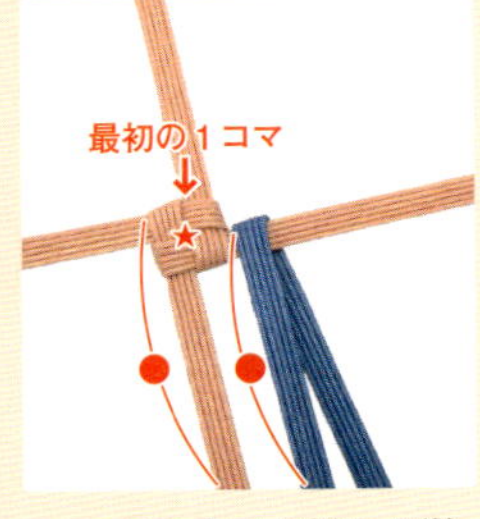

6 ●の長さを揃えた縦紐を右隣に掛ける。

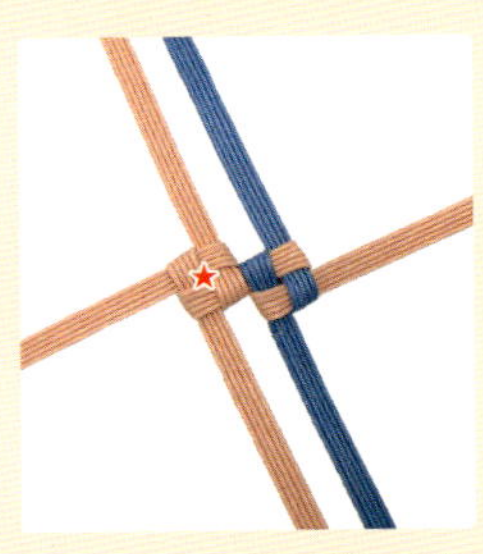

7 2～5と同様に編む（逆編み）。

8 更に縦紐で1コマ編む（逆編み）。

9 180度回転し、◎の長さを揃えた縦紐を掛け、1コマ編む（逆編み）。

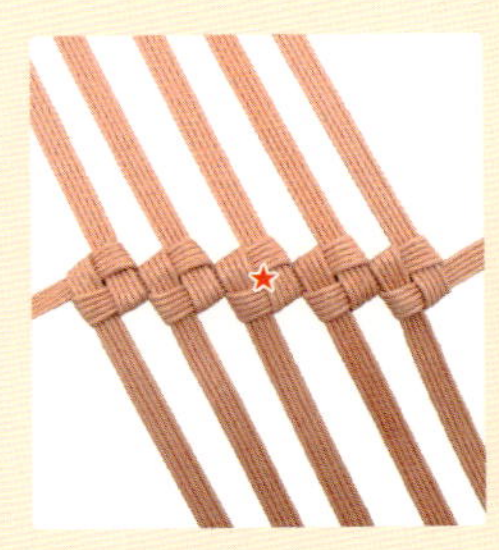

10 更に縦紐で1コマ編む（逆編み）。

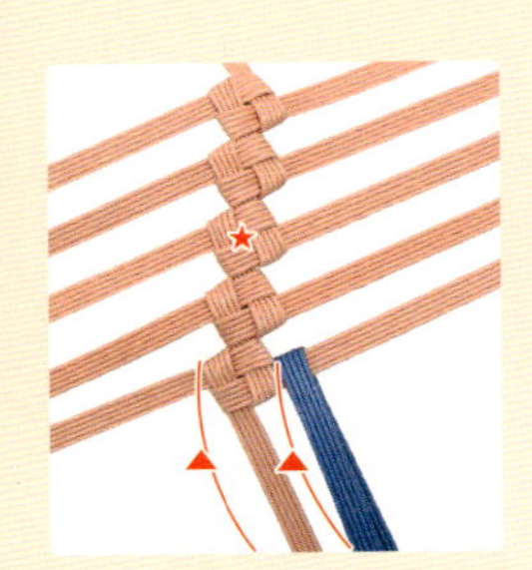

11 90度回転し、▲の長さを揃えた横紐を掛ける。※写真は紐の色を変えています。

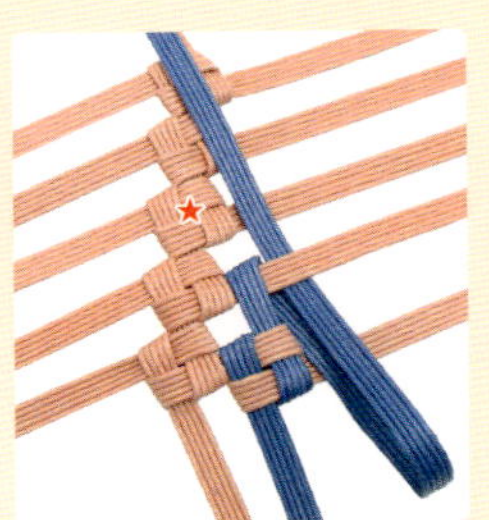

12 1コマ編み、上の段に掛け、編み進める（ここから基本編み）。
※基本編み：P102参照

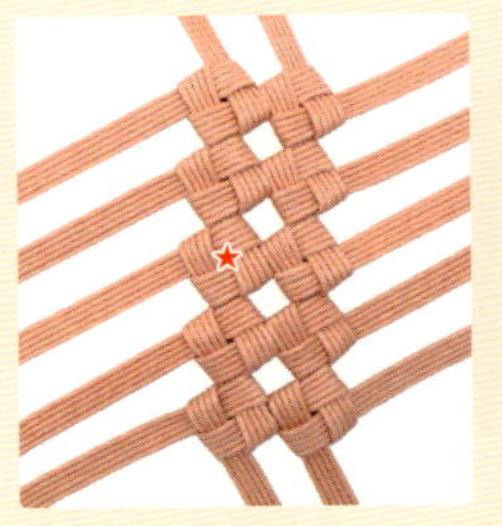

13 1列編んだところ。

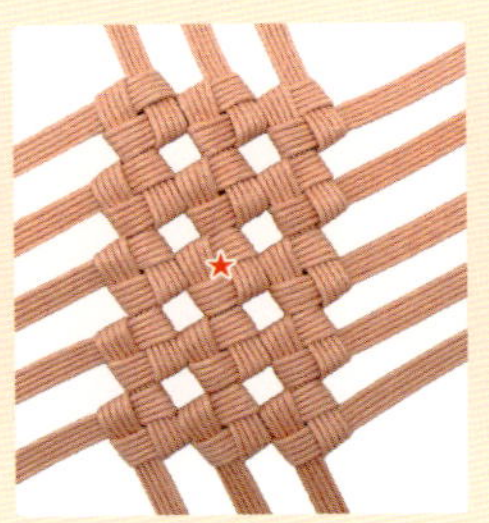

14 180度回転し、横紐で同様に1列編む。

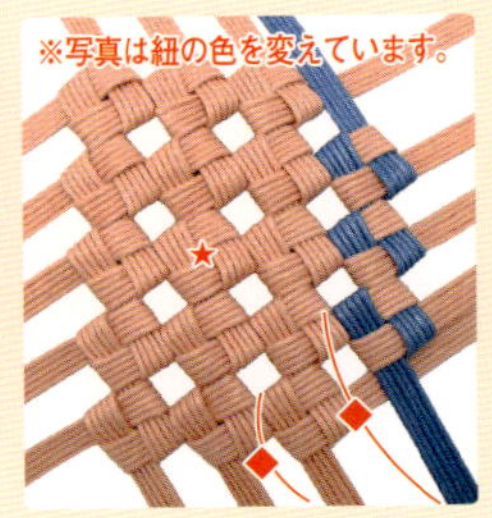

15 右端の2段目に◆の長さを揃えた横紐を掛け、2段目から4段目まで編む。

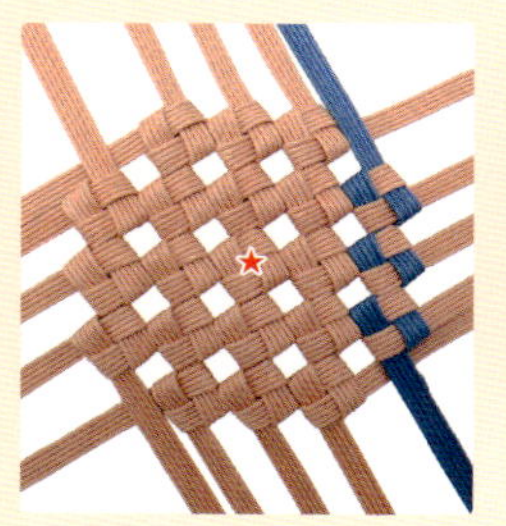

16 180度回転し、横紐で2段目から4段目まで編む。

17 裏返し、立ち上げる。

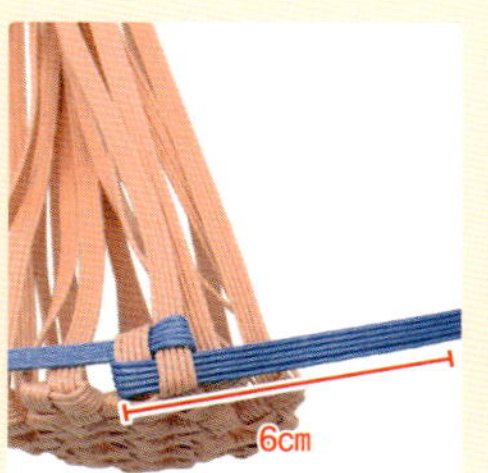

18 6cmに折った編み紐を中央の紐に掛け、1コマ編む。※写真は紐の色を変えています。

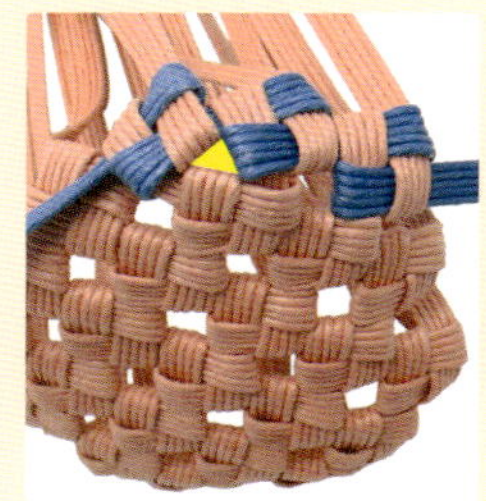

19 左へ2コマ編む（穴が三角形になる）。※写真は穴の色を変えています。

20 左に編み進める（角の穴は三角形・五角形・三角形になる）。

21 1周編む。編み終わりの紐を編み始めのコマに差し込み、隣の穴から内側に通す。

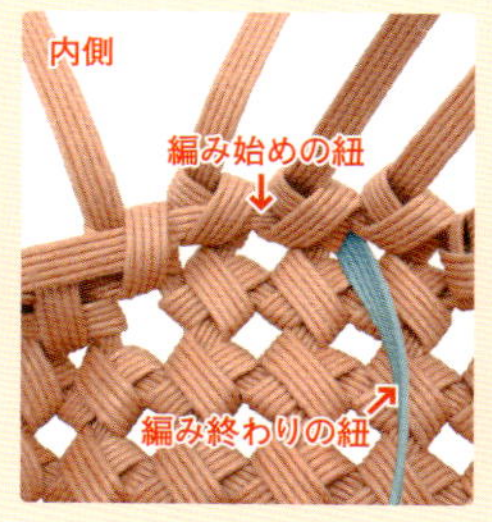

22 編み始めの紐を2コマ差し込む。

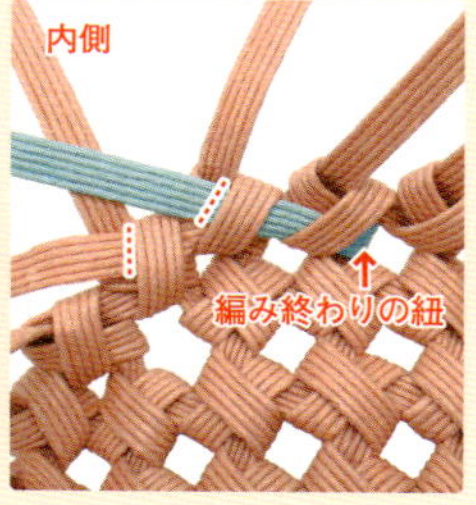

23 編み終わりの紐を2コマ差し込み、それぞれ余分をカットする。

24 スタート位置を変え、編み紐で計5段編む。

25 全ての紐を内側、斜めに差し込み、余分をカットする。

26 水を掛けて花の形にしっかり成形し、乾かす。

27 底から見たところ。

28 本体の完成。

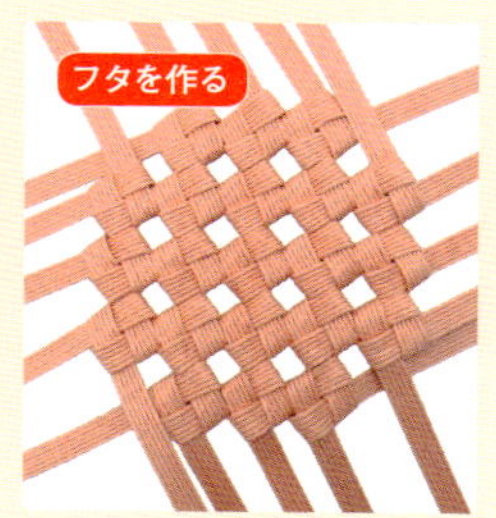

29 横紐と縦紐で1～16と同様に編む。

30 裏返し、立ち上げる。編み紐①で1段編む。

31 スタート位置を変え、編み紐②で2段目を編む。

32 全ての紐を内側、斜めに差し込み、余分をカットする。

33 水を掛け、本体の形に合わせながら花の形にしっかり成形し、乾かす。

34 上から見たところ（フタの完成）。

本体にフタを被せて完成！

可憐な小花模様が
アクセント

小花模様のバスケット

使用したクラフトバンド（★★★）

A
▼
P2
パステルバニラ
×
さくら
×
パステルライラック

B
パステルまろん
×
さくら
×
パステルライラック

C
▼
P5
P6
P9
モカ
×
メロンソーダ
×
さくら
×
パステルライラック

B

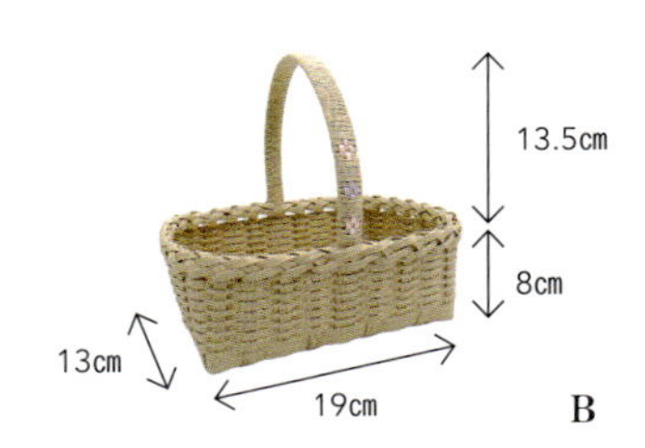

B

小花模様のバスケット

材料と寸法

横紐①／パステルまろん……… 44cm×7本(6本幅)
横紐②／パステルまろん……… 19cm×6本(9本幅)
始末紐／パステルまろん……… 13cm×2本(6本幅)
縦紐／パステルまろん………… 37cm×9本(6本幅)
補強紐／パステルまろん……… 19cm×2本(6本幅)
編み紐①／パステルまろん… 68cm×1本(12本幅)
編み紐②／パステルまろん… 500cm×1本(4本幅)
編み紐③／パステルまろん… 500cm×1本(2本幅)
編み紐④／パステルまろん… 70cm×1本(4本幅)
持ち手紐／パステルまろん… 50cm×2本(12本幅)
飾り紐①／さくら……………………… 4cm×4本(6本幅)
飾り紐②／パステルライラック… 4cm×2本(6本幅)
持ち手巻き紐／パステルまろん… 500cm×1本(2本幅)
縁かがり紐／パステルまろん… 300cm×2本(4本幅)

必要な長さ

パステルまろん………… 1745cm
さくら……………………………… 8cm
パステルライラック………… 4cm

1 横紐①②を交互に並べ、中心を合わせる。始末紐を両端に貼る。
※写真は紐の色を変えています。

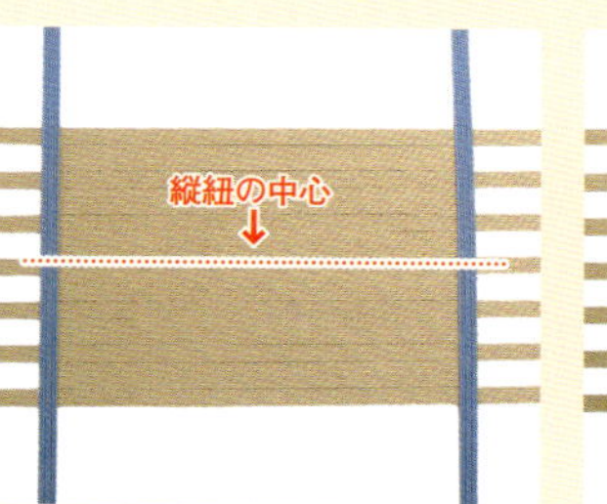

2 裏返し、縦紐2本の中心を合わせ、始末紐の裏側に貼る。

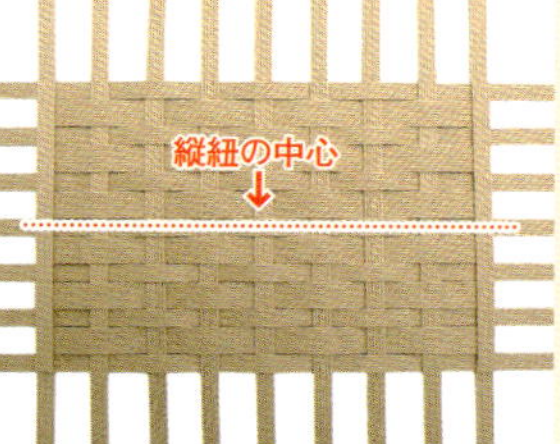

3 表に返し、縦紐を交互に差し込む。縦紐の間隔を均等にする。

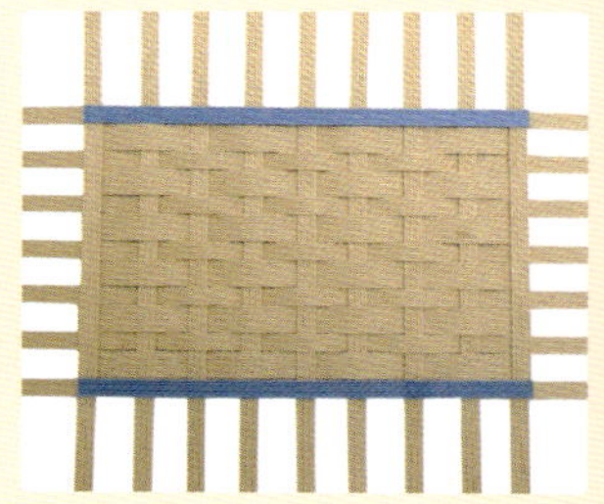

4 補強紐を上下に貼る。
※写真は紐の色を変えています。

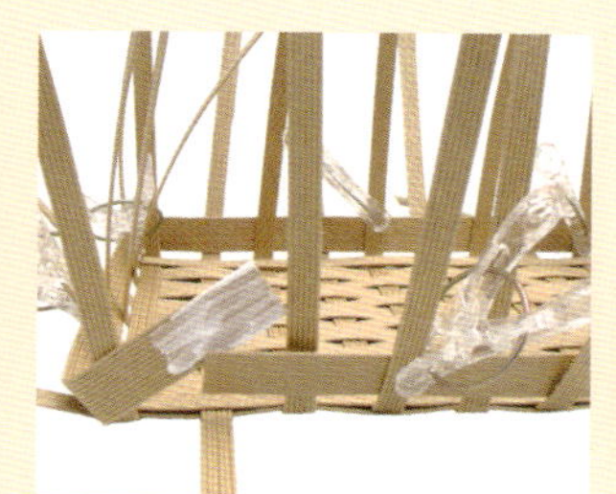

5 立ち上げる。編み紐①で右方向へ交互に編む。角は少し折り目を付け、編み終わりは余分をカットし、内側にボンドで固定する。

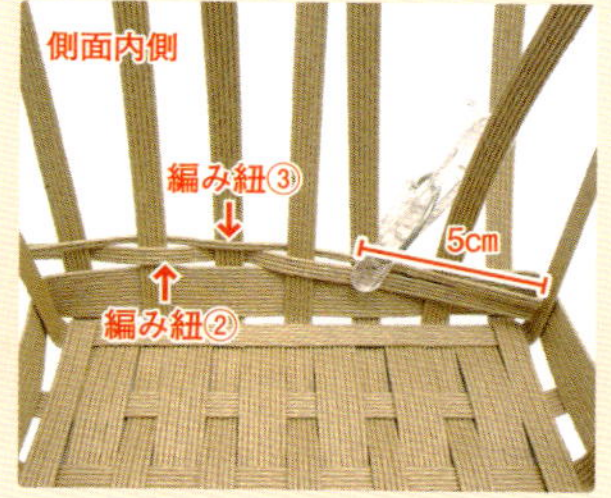

6 側面内側、編み紐②③の先端5cmを写真のようにボンドで固定し、左へ交互に編む。

7 追いかけ編みで交互に編む。※追いかけ編み：P100参照

8 追いかけ編みで7周する(14段)。

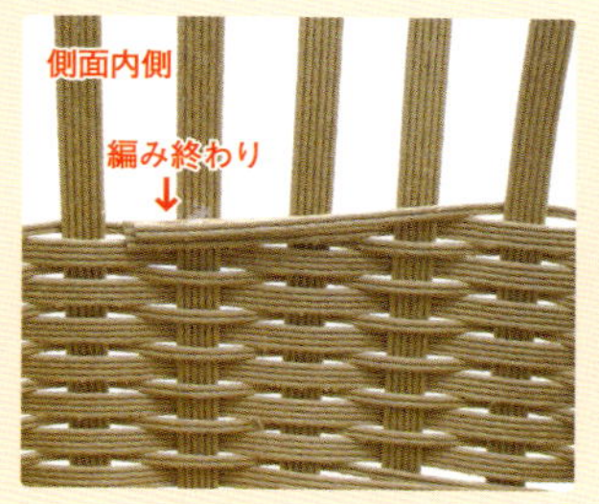

9 編み終わりは隙間を詰め、余分をカットし、写真のようにボンドで固定する。

10 編み紐④で井桁に組み、交互に編む。
※写真は紐の色を変えています。

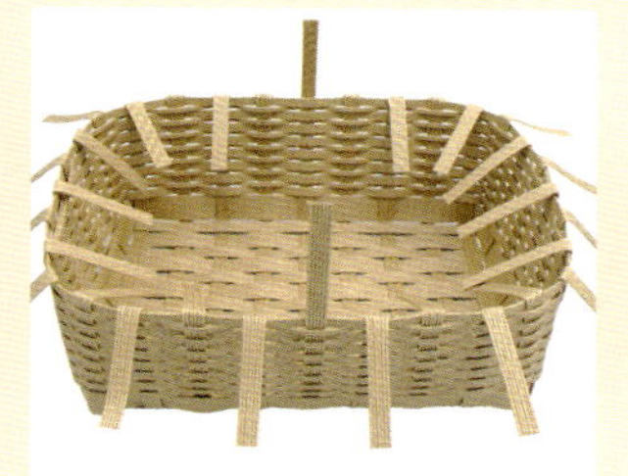

11 正面中央の縦紐2本を残し、最上段を包むように、紐を前後に折る。

12 折った紐は余分をカットし、下段に差し込む。

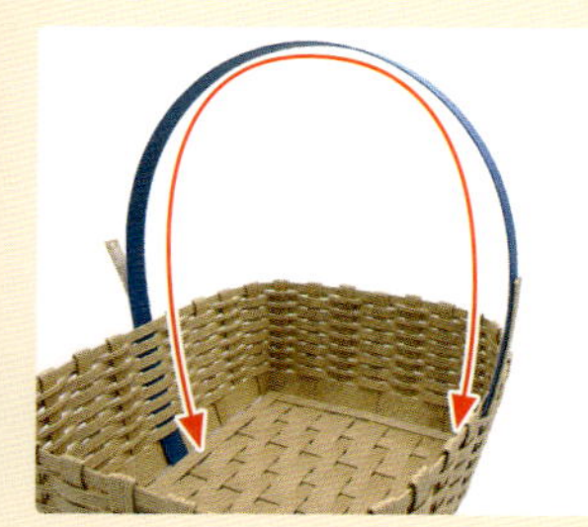

13 持ち手紐を内側から最下段に差し込む。残した中央の紐にボンドを付けて貼る。
※写真は紐の色を変えています。

14 持ち手紐を外側から最下段に差し込む。内側の持ち手紐にボンドを付けて貼り合わせる。

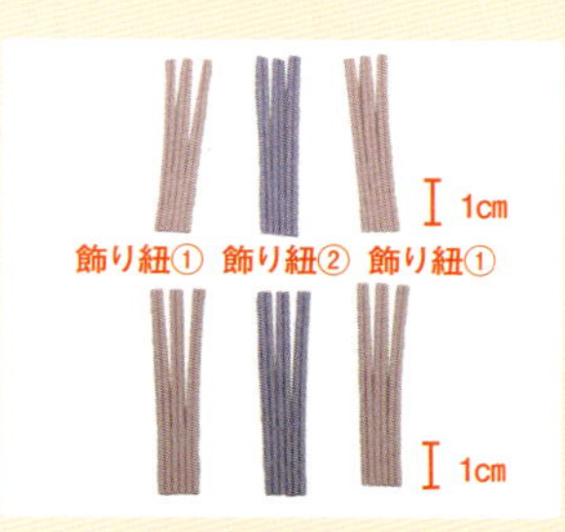

15 飾り紐①②は全て1cm残して2本幅に割く。

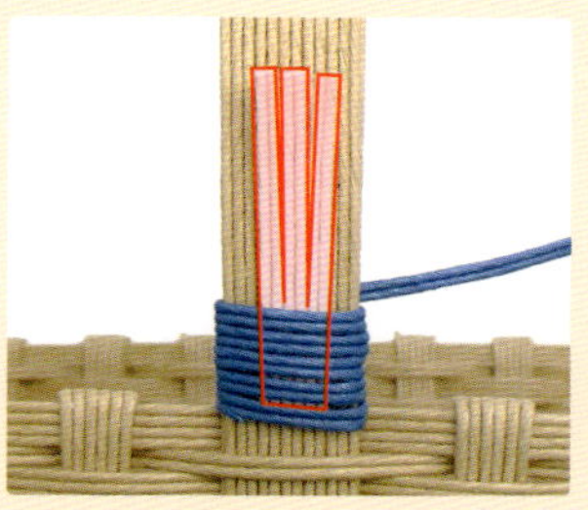

16 持ち手巻き紐の先端を内側にボンドで固定し、持ち手に飾り紐①を重ね、5周巻く。
※写真は紐の色を変えています。

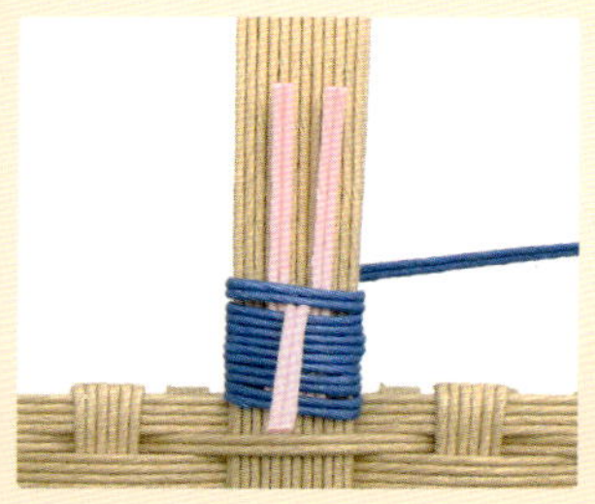

17 中央を手前に倒し、持ち手巻き紐を1周巻く。

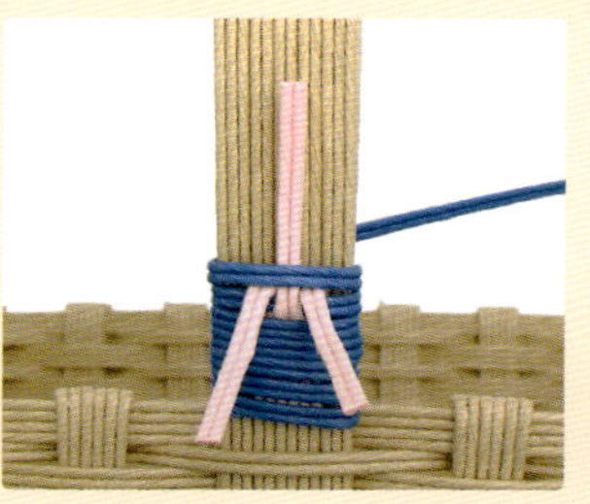

18 中央を戻し、両端を手前に倒し、持ち手巻き紐を1周巻く。

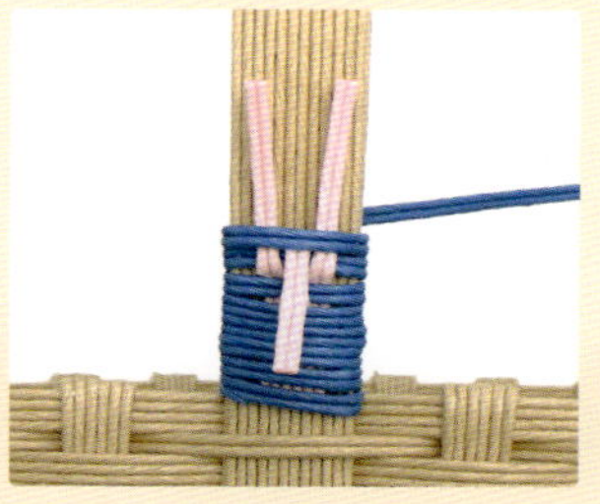

19 中央を手前に倒し、両端を戻し、持ち手巻き紐を1周巻く。隙間を詰める。

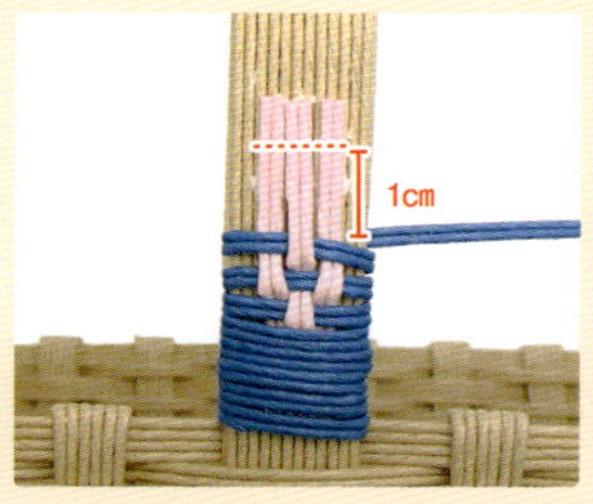

20 中央を戻し、隙間を詰める。飾り紐①を1cm残し、余分をカットし、ボンドで固定する。

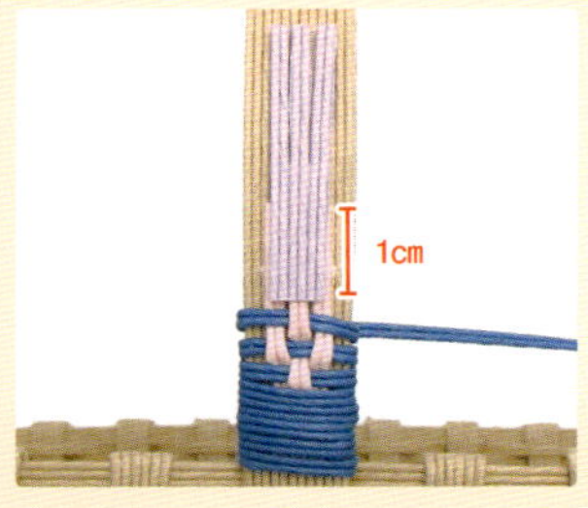

21 飾り紐②を1cm重ねてボンドで固定する。

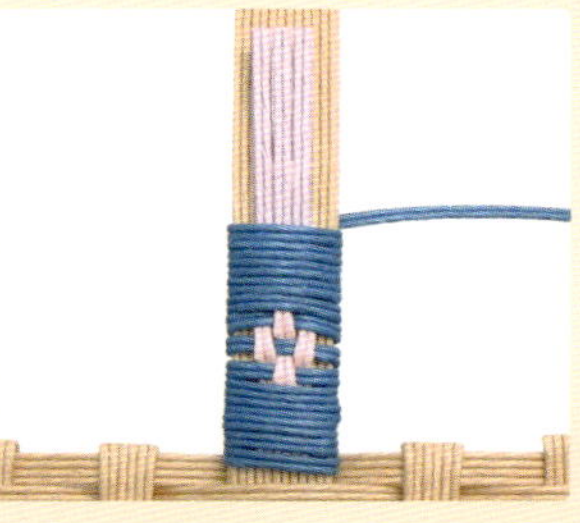

22 隙間を詰めながら5周巻く。

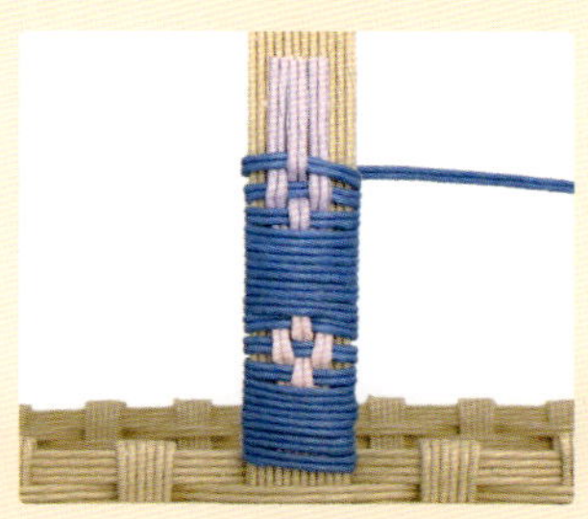

23 17～20を繰り返す。

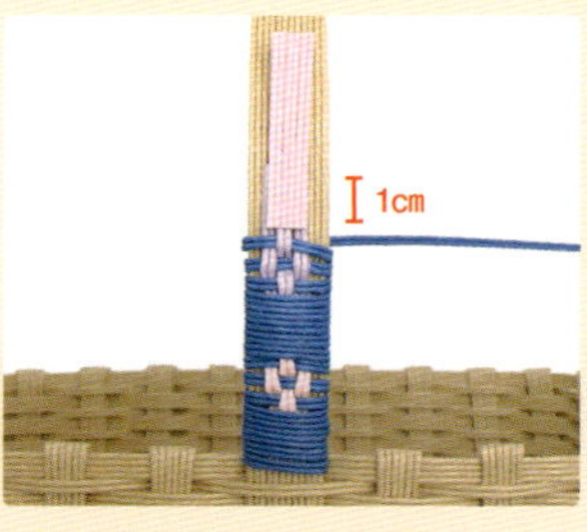

24 飾り紐①を1cm重ねてボンドで固定する。

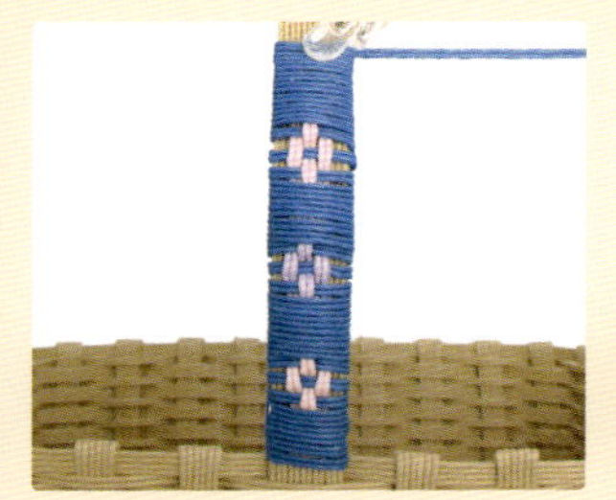

25 隙間を詰めながら16～20を繰り返し、更に5周巻く。

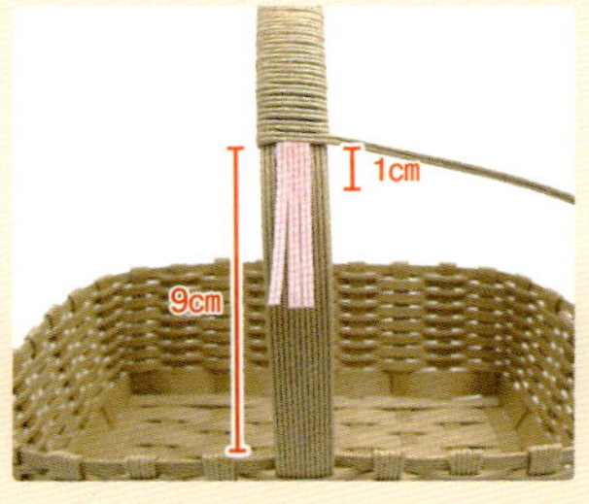

26 反対側の縁から9cmの位置まで巻く。割いた方を下にして飾り紐①を1cmボンドで固定する。

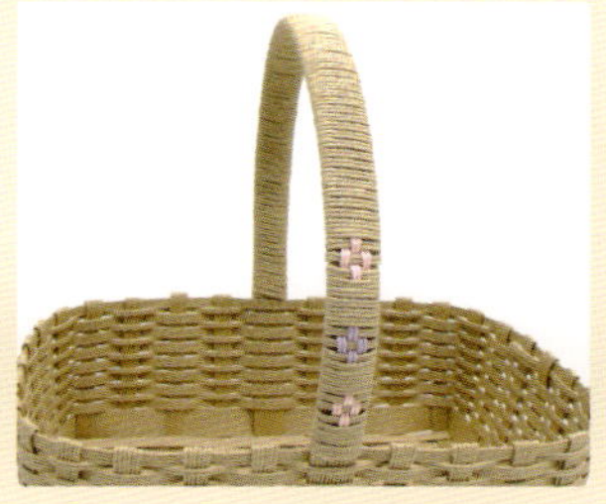

27 16～25を参考に巻く。巻き終わりは余分をカットし、内側にボンドで固定する。

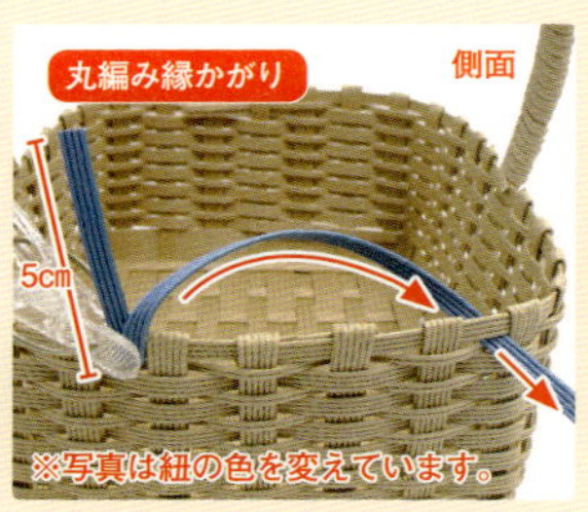

28 縁かがり紐の先端5cmを側面内側に通し、洗濯バサミで留める。反対側の先端は内側から4本先に通す。

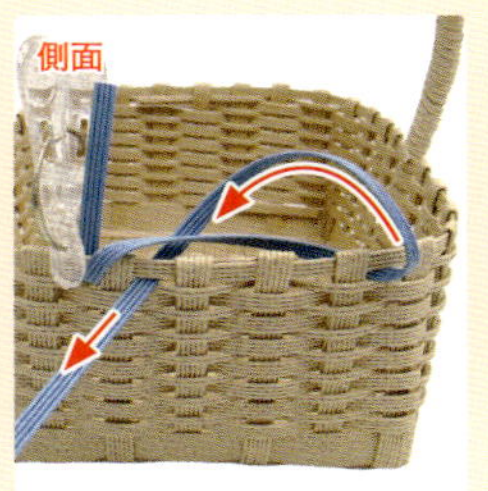

29 ３本戻り、内側から通す。

30 ４本先に内側から通す。

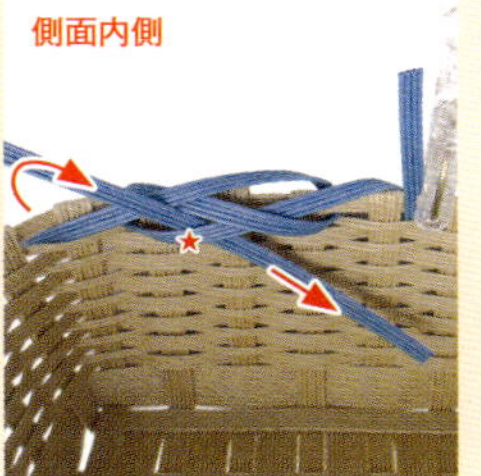

31 内側が井桁になるように２本目（★）の下を通す。

32 ３本戻り、外側へ通す。

33 外側が井桁になるように１本目（★）の下を通す。

34 ４本先に内側から通す。

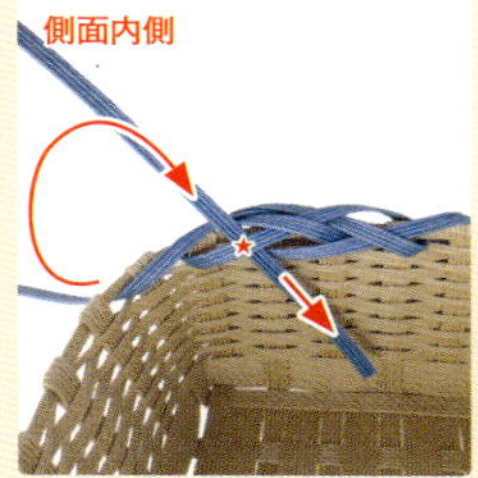

35 内側が井桁になるように２本目（★）の下を通す。

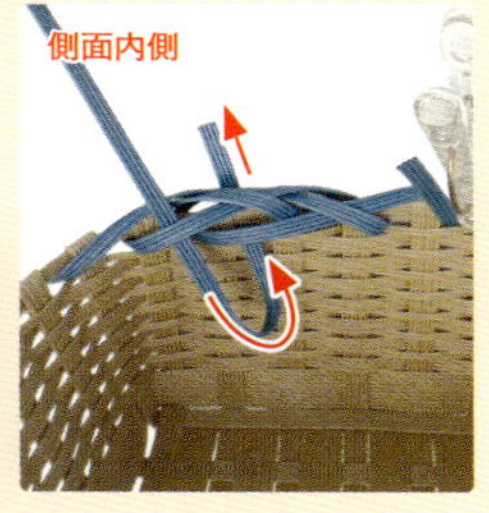

36 ３本戻り、外側へ通す。

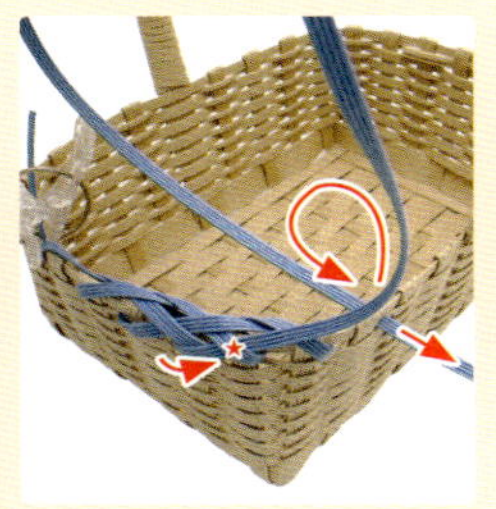

37 引き締めながら、34～37を繰り返す（途中で残りの紐をつなぐ）。

38 編み始めの5cmを外して洗濯バサミで留め直し、1周する。編み終わりの紐を写真のように通す。

39 ★の下を通す。

40 内側が井桁になるように★の下を通す。３本戻り、外側へ通す。

41 外側が井桁になるように１本目（★）の下を通す。

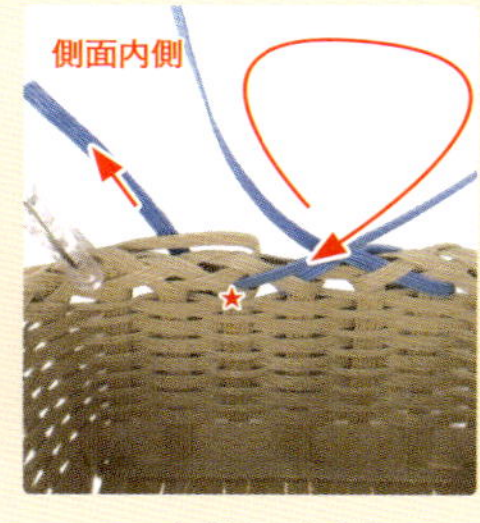

42 ４本先に内側から★の下を通して、外側に出す。

43 ★の下を通す。

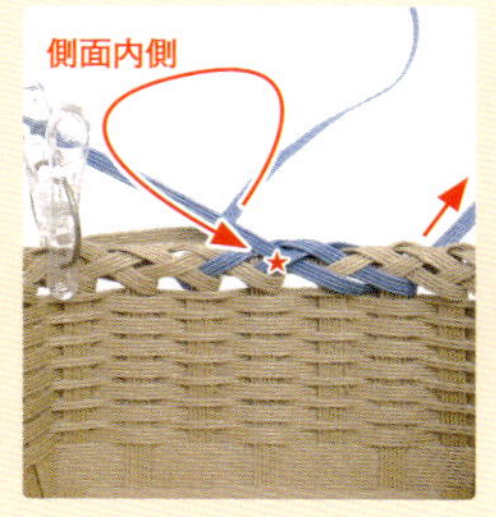

44 内側が井桁になるように★の下を通す。３本戻り、外側へ通す。

45 ★の下を通す。

46 余分をカットし、ボンドを付ける。

47 編み始めの5cmを重ねて貼り、★の下を通し、余分をカットする。

Finish!

完成！

便利なフタ付きバスケットが
おひさまの下で
大活躍しそう

A

ピクニックバスケット

使用したクラフトバンド（★★）/ design 千葉真由子

B

A | クリーム　　B | マロングラッセ　　C | パウダースノー

▼
P6

ピクニックバスケット

材料と寸法

【本体】
横紐①／マロングラッセ……77cm×7本（12本幅）
横紐②／マロングラッセ……30cm×6本（12本幅）
始末紐／マロングラッセ……19cm×2本（12本幅）
縦紐①／マロングラッセ……66cm×11本（12本幅）
縦紐②／マロングラッセ……23cm×4本（12本幅）
補強紐／マロングラッセ……30cm×2本（12本幅）
編み紐①／マロングラッセ……102cm×7本（12本幅）
編み紐②／マロングラッセ……102cm×12本（4本幅）
縁紐／マロングラッセ……102cm×2本（12本幅）
中心紐①／マロングラッセ……36cm×1本（12本幅）
中心紐②／マロングラッセ……20cm×2本（12本幅）
【フタ】
枠紐①／マロングラッセ……21cm×8本（12本幅）
枠紐②／マロングラッセ……15cm×8本（12本幅）
縦紐／マロングラッセ……14.5cm×14本（8本幅）
編み紐／マロングラッセ……400cm×6本（2本幅）
付け紐／マロングラッセ……350cm×1本（2本幅）
リング①／マロングラッセ……25cm×4本（3本幅）
リング②／マロングラッセ……100cm×4本（1本幅）
持ち手紐①／マロングラッセ……54cm×2本（12本幅）
持ち手紐②／マロングラッセ……15cm×4本（12本幅）
持ち手紐③／マロングラッセ……24cm×2本（12本幅）
持ち手紐④／マロングラッセ……130cm×2本（12本幅）
巻き紐／マロングラッセ……60cm×4本（2本幅）

必要な長さ

マロングラッセ……5119cm

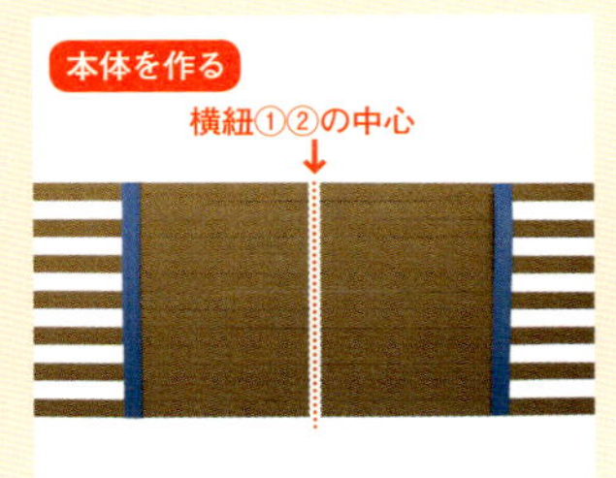

1 横紐①②を交互に並べ、中心を合わせる。始末紐を両端に貼る。
※写真は紐の色を変えています。

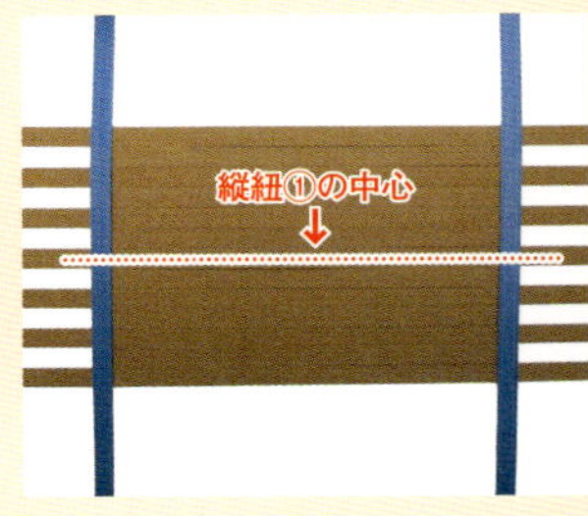

2 裏返し、縦紐①2本の中心を合わせ、始末紐の裏側に貼る。

3 表に返し、縦紐①を写真のように交互に差し込み、縦紐の間隔を均等にする。

4 補強紐を上下に貼る。
※写真は紐の色を変えています。

5 立ち上げる。

6 P71の輪編みを参考に編み紐①②を全て輪にする。

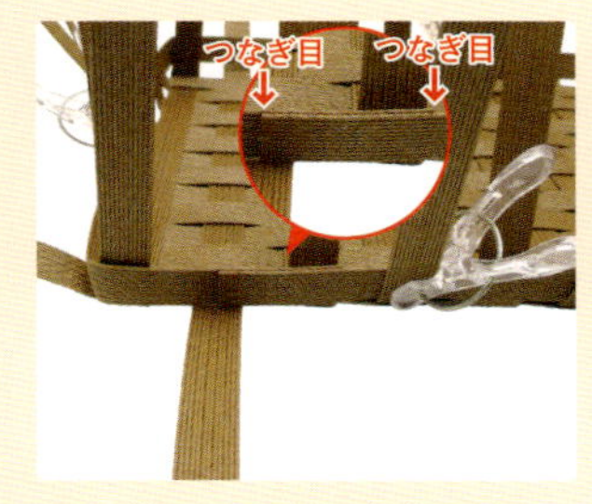

7 輪にした編み紐①で交互に編み、つなぎ目を縦紐の内側に隠す。角はしっかり折り目を付ける。

8 計6段編む。角はしっかり折り目を付け、形を整える。

9 写真のように縦紐②4本を下から2段目まで差し込み、6段目の編み紐①にボンドで固定する。

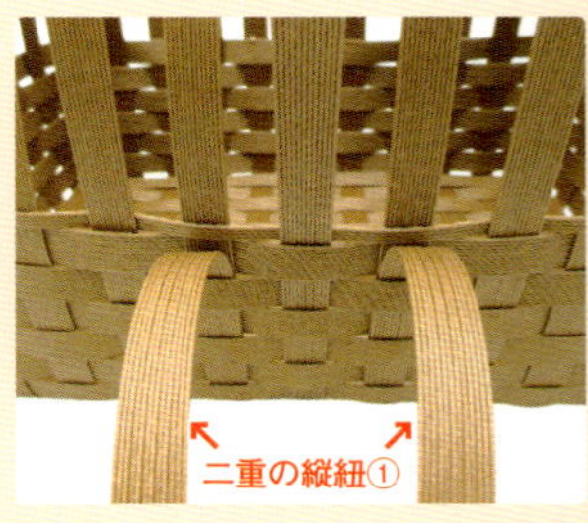

10 編み紐②で交互に編む（二重の縦紐①は40まで休める）。

11 編み紐②で計12段編む。

12 編み紐①で1段編む。

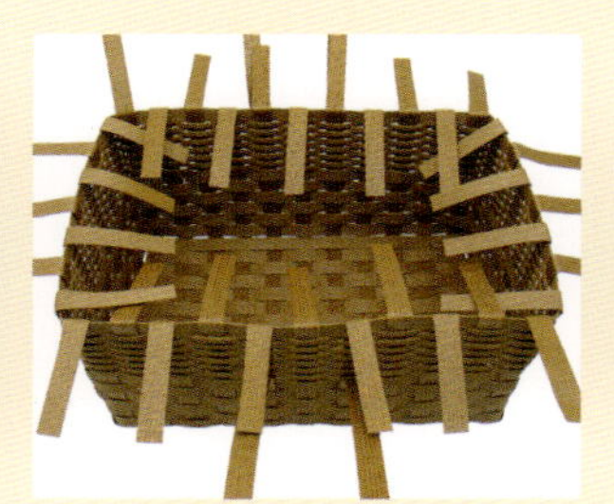

13 隙間を詰め、最上段を包むように、紐を前後に折る。

14 余分をカットし、下段に差し込む。

15 縁紐を内側に貼る。

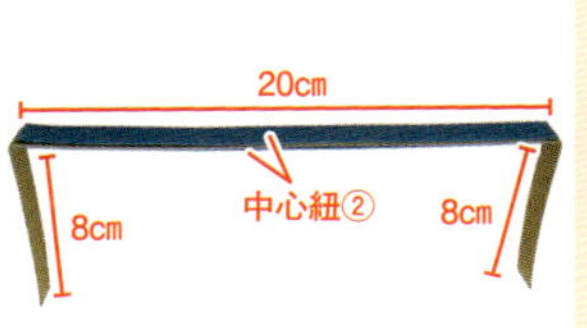

16 中心紐①を写真のように折る（角は直角）。20㎝の部分を上下で挟むように中心紐②を貼る。

17 16は写真の位置にボンドを付け、本体の正面中央の★まで差し込み、固定する。反対側も同様にする。

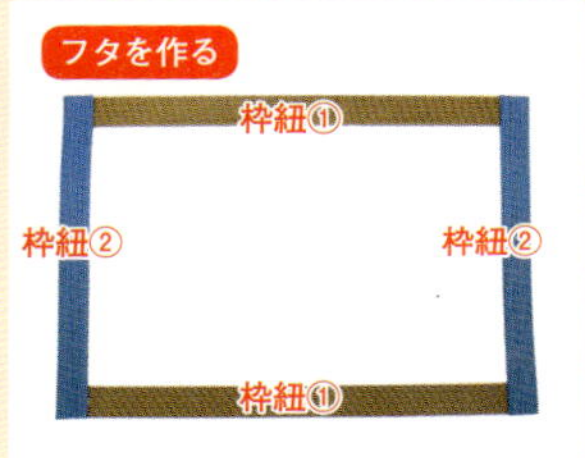

18 枠紐①②を写真のようにボンドで固定する。

19 全ての縦紐の間隔を均等に貼る。

20 枠紐①を上下に貼る。

21 枠紐②を両端に合わせ、余分をカットし、貼る。

22 下部の角を丸くカットする。編み紐の先端にボンドを付け、裏側に固定し、交互に編む。

23 端まで編み、写真のように折り返して編む。

24 編み紐が足り無くなったら、裏側で写真のように紐をつなぐ。

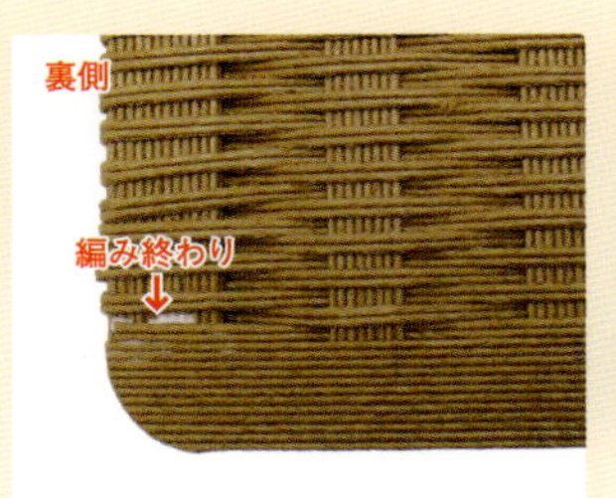

25 隙間無く編み、編み終わりは余分をカットし、ボンドで固定する。同様に計2枚作る（フタの完成）。

26 16の内側に付け紐の先端をボンドで固定し、隙間無く巻く。
※写真は紐の色を変えています。

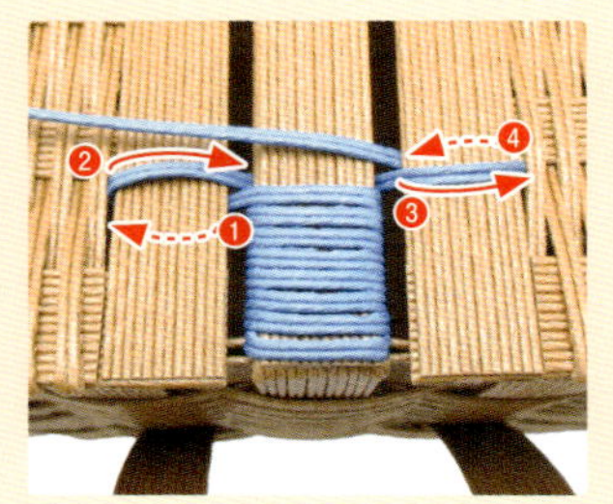

27 8周し、フタを両側に乗せる。付け紐を写真の順で8の字にかがる。

28 4周巻き、フタの縦紐をまたいで同様に8の字にかがる。

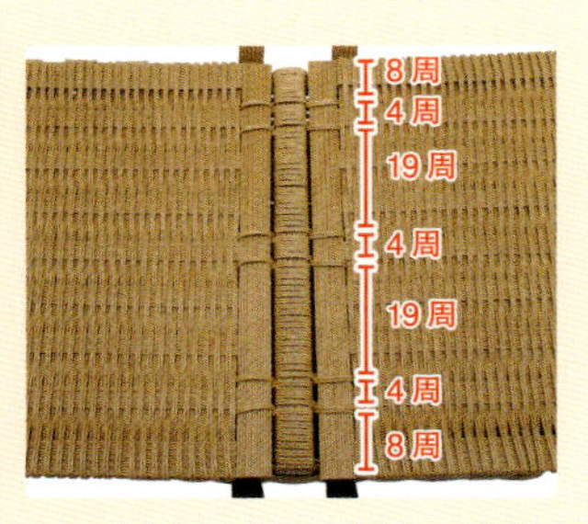

29 写真のように巻き、巻き終わりは内側にボンドで固定する。

30 外側に縁紐を貼る。

31 リング①にボンドを付け、三重に巻き、固定する。リング②の先端をボンドで固定し、巻く。※写真は紐の色を変えています。

32 隙間無く巻き、巻き終わりは余分をカットし、ボンドで固定する。同じものを計4つ作る。

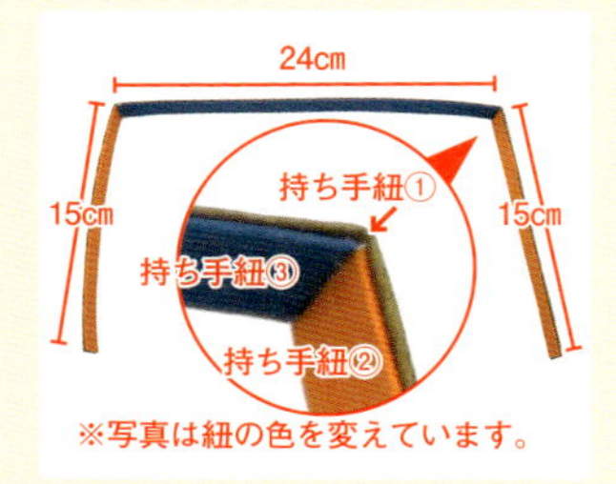

33 持ち手紐①を写真のように折る（角は直角）。内側に持ち手紐②③を貼る。

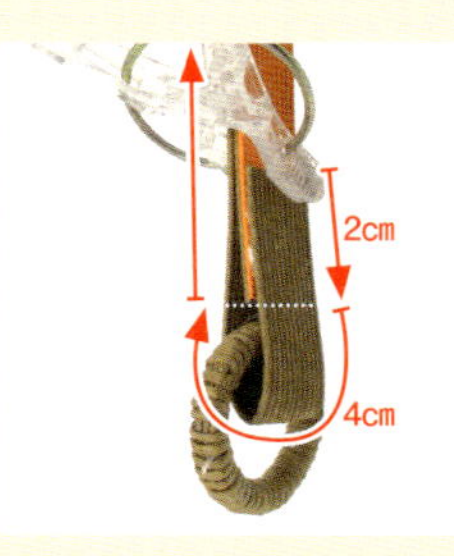

34 持ち手紐④を33の内側に2cm貼り、32を通して写真のように外側に貼る。

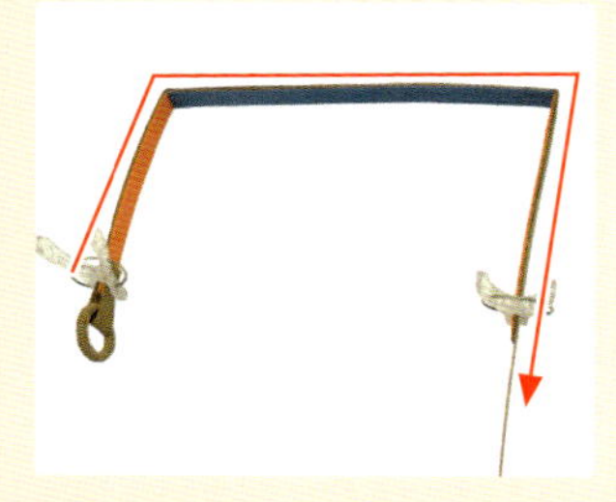

35 写真のように貼る。

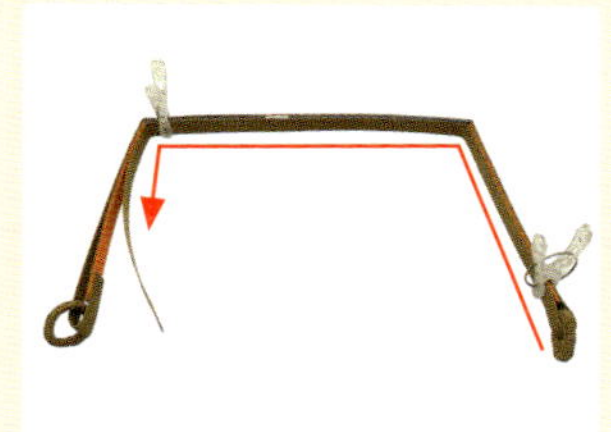

36 34と同様に32を通し、内側に貼る。

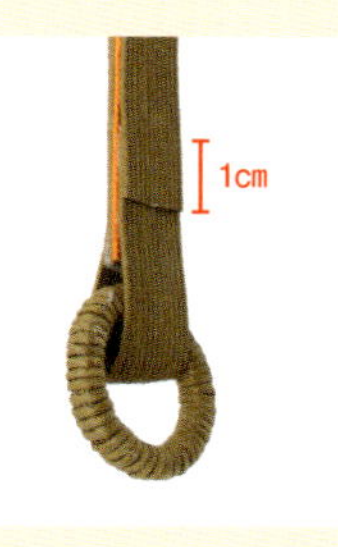

37 持ち手紐④の貼り始めに1cm重ね、余分をカットし、ボンドで固定する。

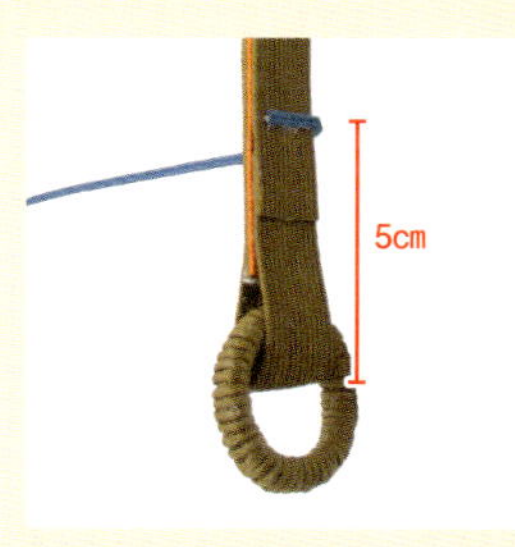

38 巻き紐の先端を写真のように固定し、下方向へ巻く。

39 巻き終わりは内側にボンドを付け、根元に差し込み、引き締めて余分をカットする。反対側も同様に巻く。

40 二重の縦紐①にリングを通す。写真のようにボンドを付ける。

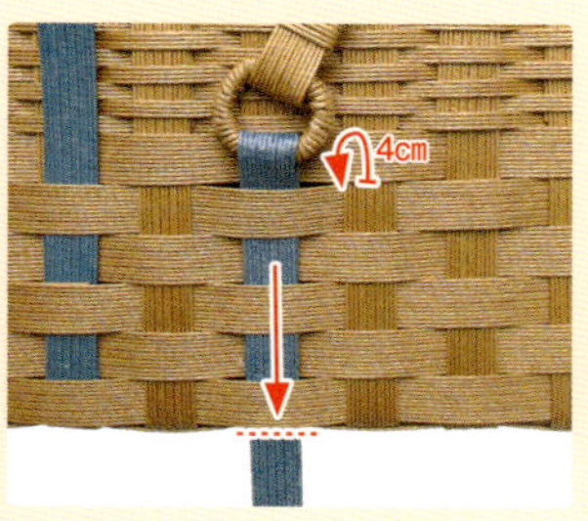

41 写真のように差し込み、余分をカットする。反対側も同様にする。

もう片方の持ち手も同様に作り、完成！

chapter 2

×××××××××××××××××××××××××××××

こもの

サイドボード、玄関などちょっとした空間のイメージを演出する飾りものや、
壁やドアを彩る季節のリースなど、暮らしに花を添えるこものアイテムを
紹介します。余ったクラフトバンドも有効活用できる、うれしい作品たちです。

ファブリックや
バッグに花が咲く

フラワー

使用したクラフトバンド（★★）/ design 丹野安祐子

A | モカチョコ × パステルクッキー

4.5cm
A

フラワー

材料と寸法

【1個分】
花びら／モカチョコ……………2.5㎝×5本（12本幅）
花台／モカチョコ……………1.5㎝×1本（12本幅）
花芯／パステルクッキー………25㎝×3本（2本幅）

必要な長さ

【1個分】
パステルクッキー……………25㎝
モカチョコ……………………14㎝

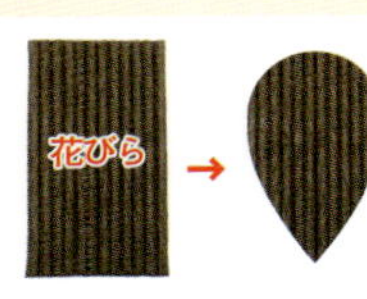

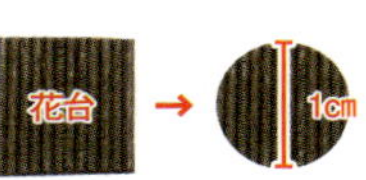

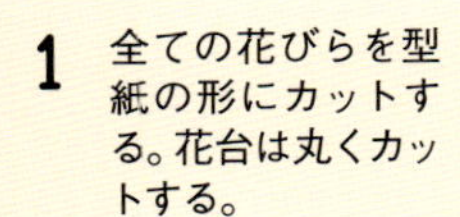

1 全ての花びらを型紙の形にカットする。花台は丸くカットする。

2 花びらを写真のようにカーブさせ、花台に貼る。

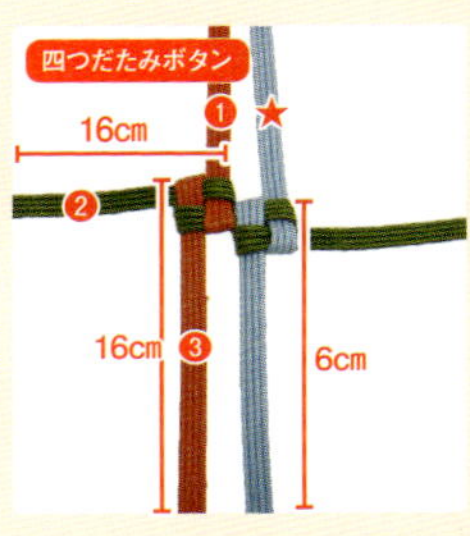

3 花芯で四つだたみ編みを2コマ編む（基本編み）。
※写真は紐の色を変えています。※基本編み：P102 参照

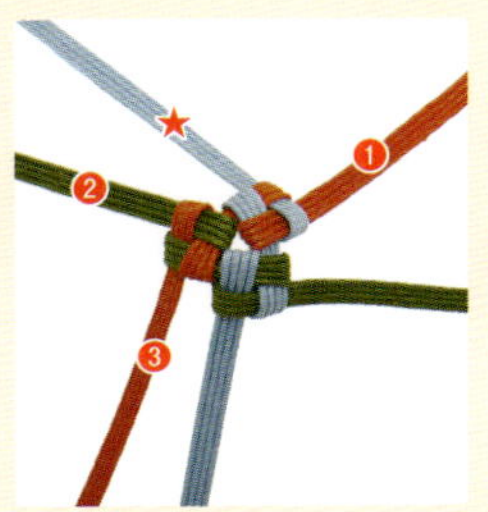

4 ★と❶で1コマ編んだところ。

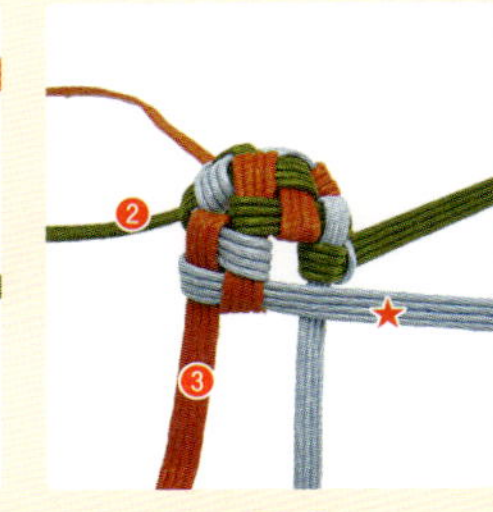

5 ★と❷❸で1コマずつ編んだところ。

6 編み終わりを差し込み、つなぐ。

7 内側へ差し込み、引き締める。

8 内側から出ている紐2本をボンドで固定し、短くカットする。

Finish!

2に11をボンドで付けて完成！

9 残った紐で井桁に組む。

10 引き締めてもう一度井桁に組む。

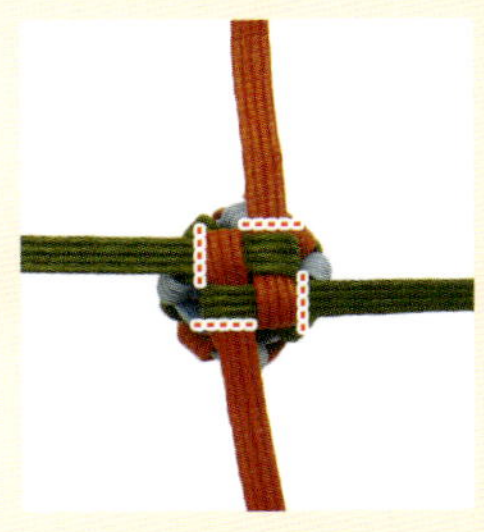

11 引き締めて余分をカットする。

型紙

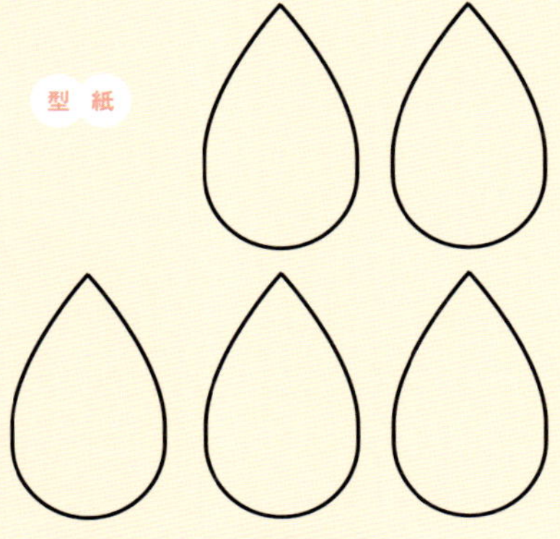

※コピーしてご使用ください。

ころんと可愛い
まんまるオブジェ

左から A,C,B

りんご

使用したクラフトバンド（★★★・★★）/ design すず

A | ストロベリー × モカチョコ

B | チェリー × ブラウン

C | パステルグリーン × ブラウン

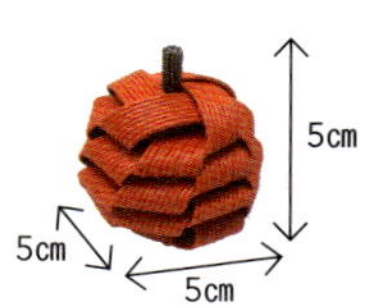

りんご

材料と寸法

横紐／チェリー……………… 50cm×2本（12本幅）
縦紐／チェリー……………… 50cm×2本（12本幅）
枝紐／ブラウン……………… 1.5cm×1本（10本幅）

必要な長さ

チェリー……………………… 200cm
ブラウン……………………… 1.5cm

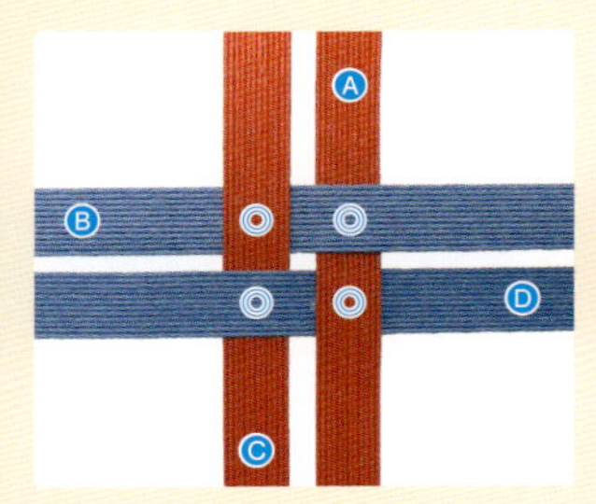

1 横紐と縦紐で井桁に組み、中心の隙間を5mm角にする。◎をボンドでしっかり固定する。
※写真は紐の色を変えています。

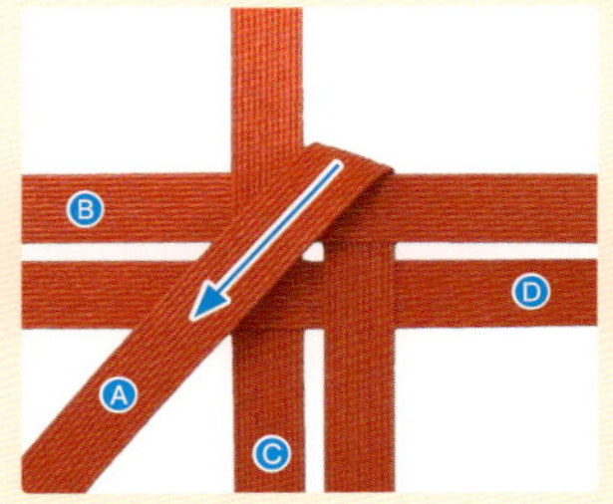

2 Ⓐを左下に倒す。

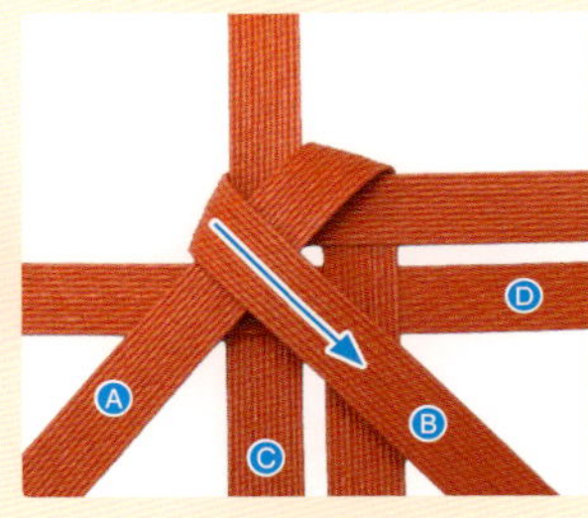

3 Ⓑを右下に倒す。

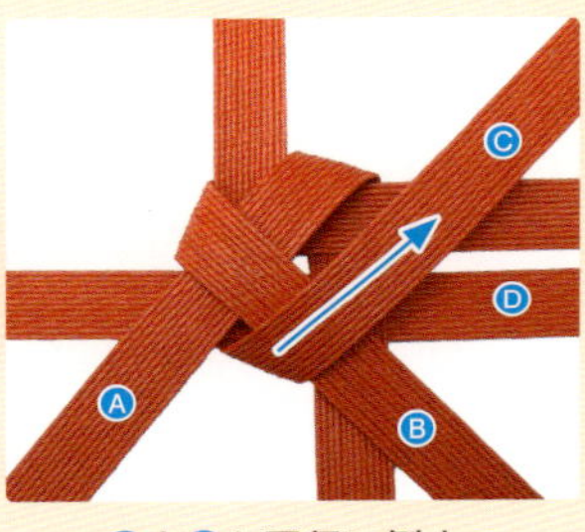

4 ⒸをⒶと平行に倒す。

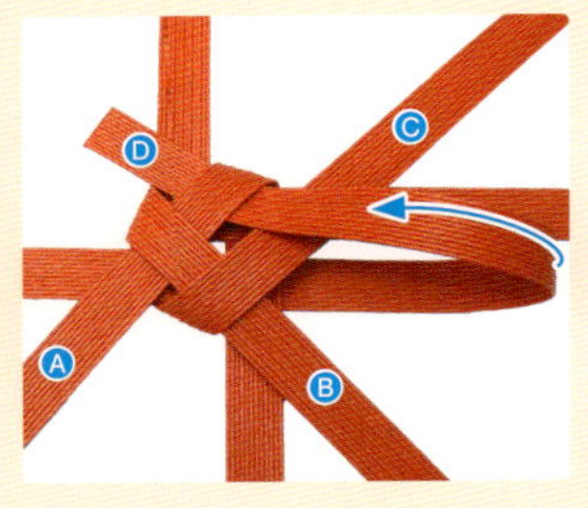

5 ⒹをⒶの下に通す。

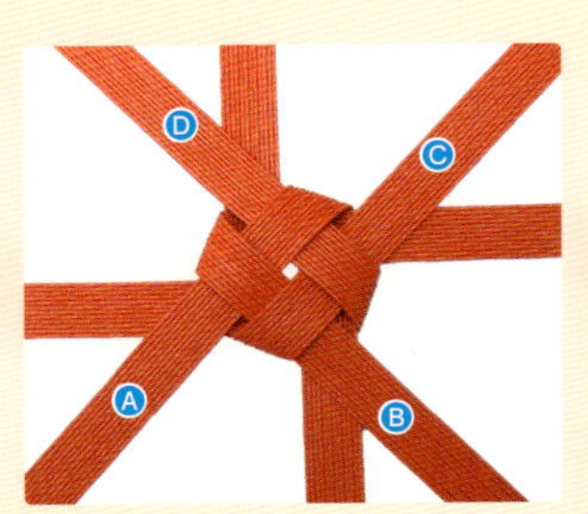

6 引き締める。

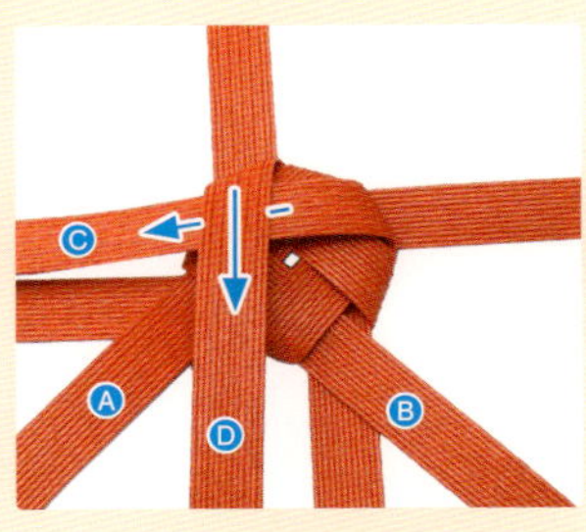

7 Ⓒを左に倒し、Ⓓを下に倒す。

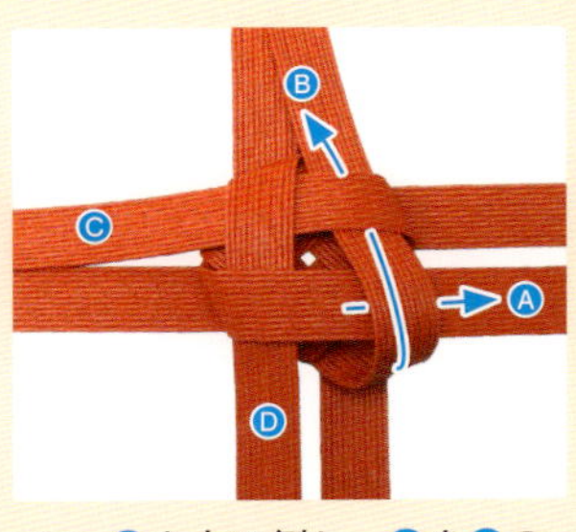

8 Ⓐを右に倒し、ⒷをⒸの下に通す。

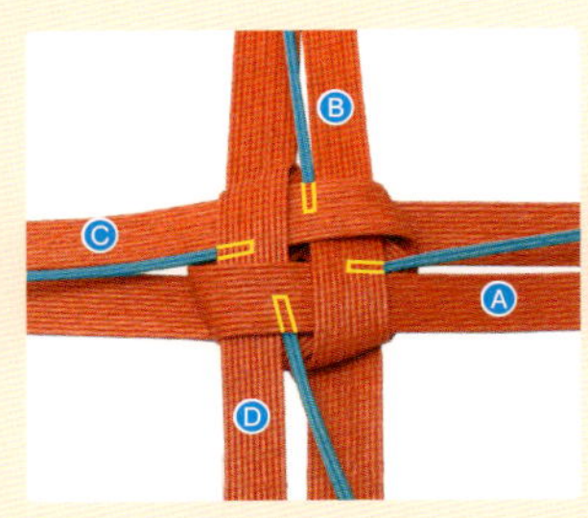

9 ⒶⒷⒸⒹの右端を2本幅に割き、紐の下を黄色の線の位置まで割く。
※写真は紐の色を変えています。

10 紐を浮かせ、その下で2本幅をカットする。

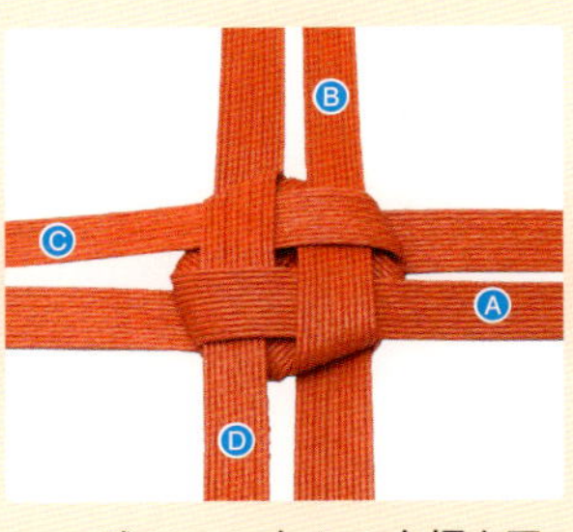

11 残りの3本の2本幅を同様にカットする。ⒶⒷⒸⒹが10本幅になる。

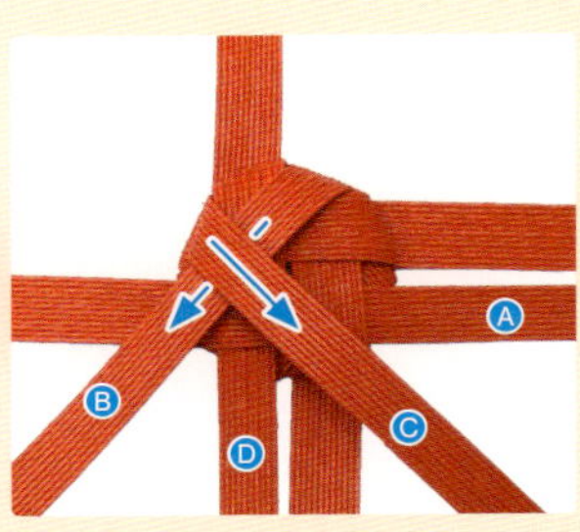

12 Ⓑを左下に倒し、Ⓒを右下に倒す。

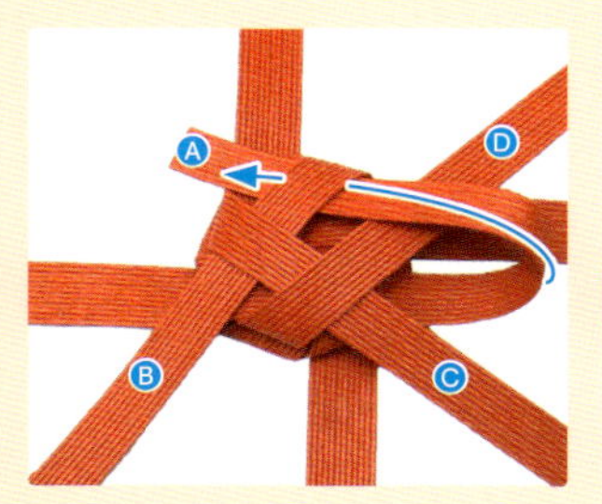

13 Ⓓを右上に倒し、ⒶをⒷの下に通し、引き締める。

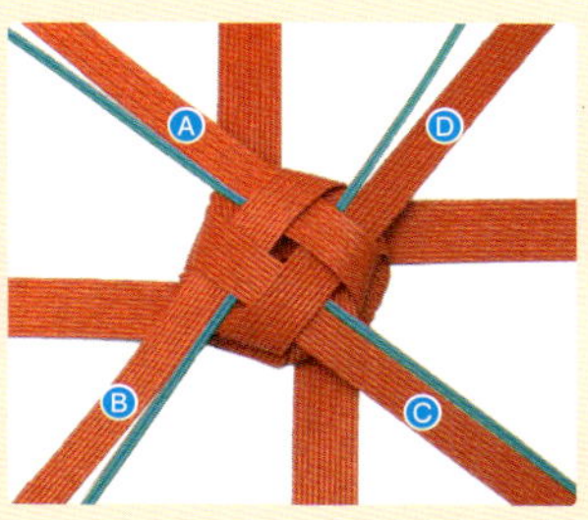

14 9と同様に、右端を2本幅に割く。
※写真は紐の色を変えています。

15 紐を浮かせ、その下で2本幅をカットする。

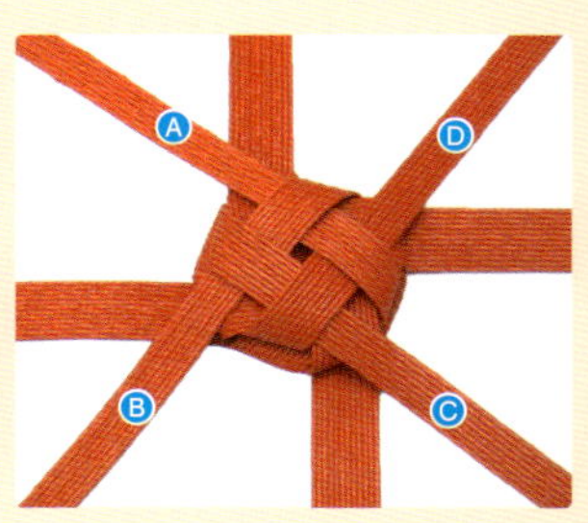

16 残りの3本の2本幅を同様にカットし、ⒶⒷⒸⒹが8本幅になる。

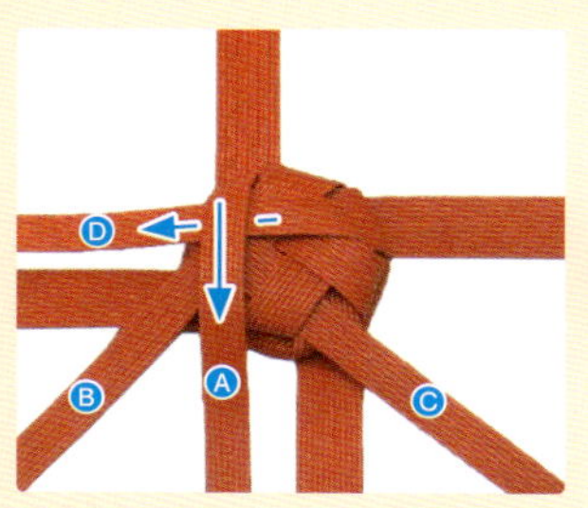

17 Ⓓを左に倒し、Ⓐを下に倒す。

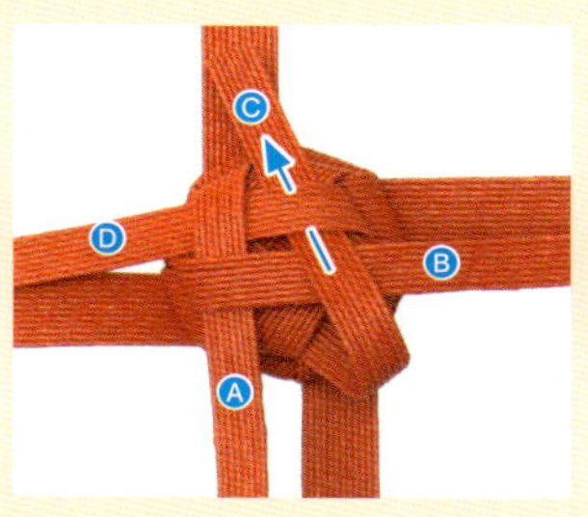

18 Ⓑを右に倒し、ⒸをⒹの下に通す。

19 余分をカットする。

20 4段編み終わったところ。

21 上下を反転する。

22 2～18を繰り返して4段編む。

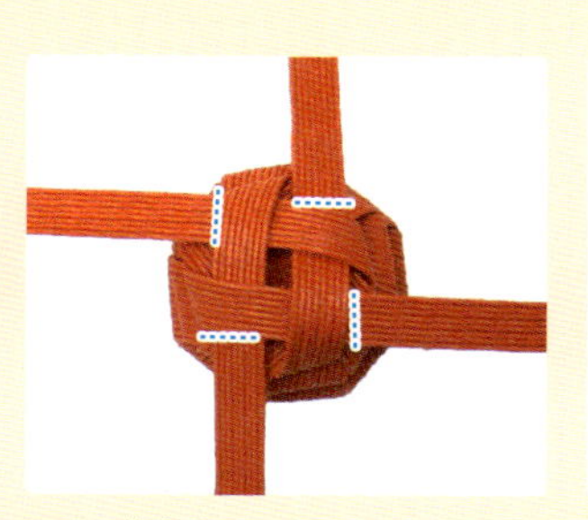

23 余分をカットする。

24 8段編んだところ。

25 横からみたところ。

26 枝紐にボンドを付ける。

27 丸めながら巻く。

27の先端にボンドを付け、中央に差し込み、固定して完成！

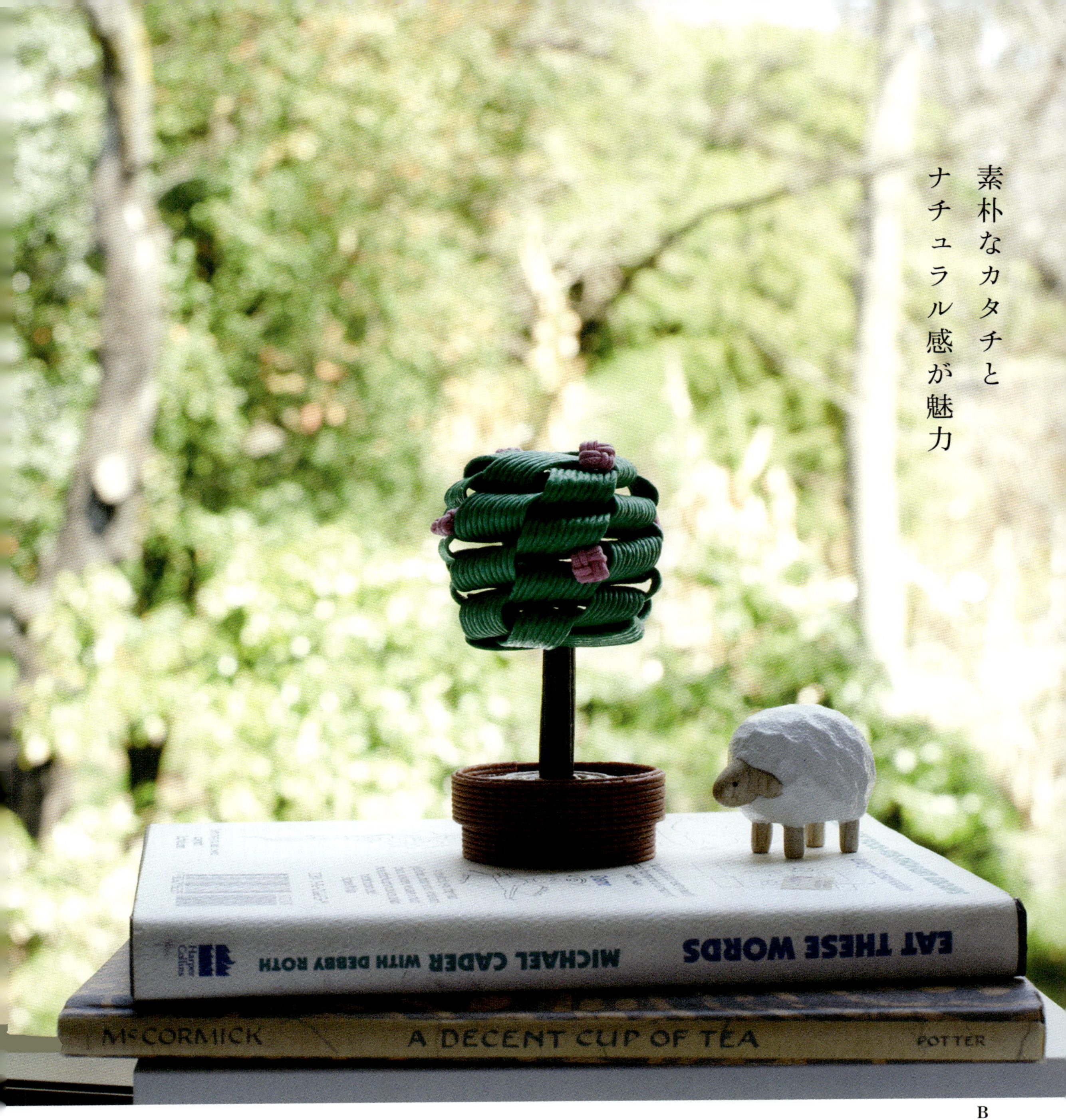

素朴なカタチと
ナチュラル感が魅力

B

トピアリー

使用したクラフトバンド（★★★・★★）/ design すず

A ▼P5
- ピスタチオ × モカチョコ × ストロベリー
- パウダースノー × グリーンティー

B
- ピーターズグリーン × ブラウン × ピンク
- 赤レンガ × クラフト

C ▼P5
- モスグリーン × パステルまろん × さくら
- スノーホワイト × パステルグリーン

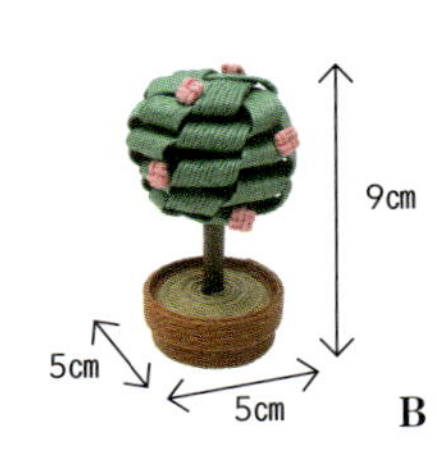

B

トピアリー

材料と寸法

横紐／ピーターズグリーン…… 50cm×2本(12本幅)
縦紐／ピーターズグリーン…… 50cm×2本(12本幅)
幹／ブラウン…… 5cm×2本(12本幅)
土／クラフト…… 100cm×1本(12本幅)
鉢①／赤レンガ…… 25cm×1本(12本幅)
鉢②／赤レンガ…… 30cm×1本(8本幅)
花／ピンク…… 15cm×14本(2本幅)

必要な長さ

ピーターズグリーン…… 200cm
クラフト…… 100cm
赤レンガ…… 55cm
ピンク…… 45cm
ブラウン…… 10cm

1 横紐と縦紐で写真のように編む。
※りんごレシピ：P43～44の1～25参照

2 幹にボンドを付ける。

3 丸めながら巻く。

4 もう1本の幹にボンドを付け、重ねる。
※写真は紐の色を変えています。

5 ずれないように巻く。

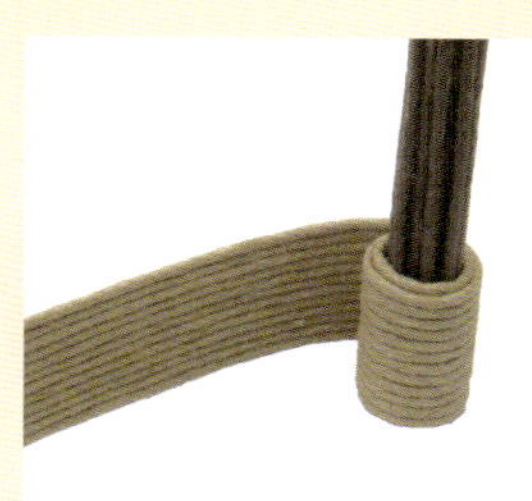

6 土の先端をボンドで固定し、巻く。

7 下側を揃えて巻く。

8 巻き終わりはボンドで固定する。

9 鉢①の先端にボンドを付け、突き合わせに貼る。

10 2周巻き、余分はカットし、ボンドで固定する。

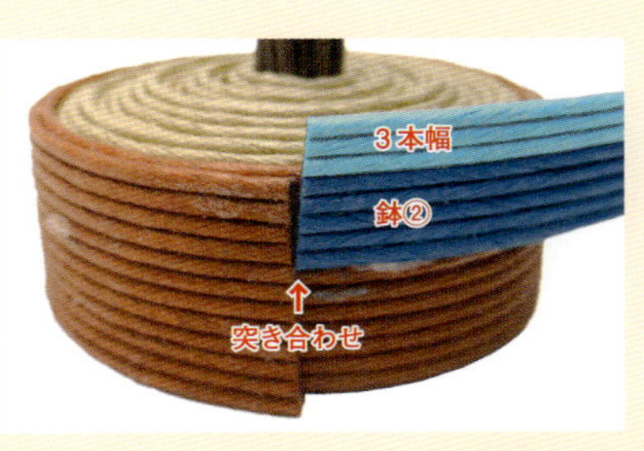

11 鉢②の3本幅を上に出して突き合わせに貼る。※写真は紐の色を変えています。

12 ボンドを付けながら2周巻き、余分をカットし、ボンドで固定する。

13 12の幹の先端にボンドを付け、1を差し込み、固定する。

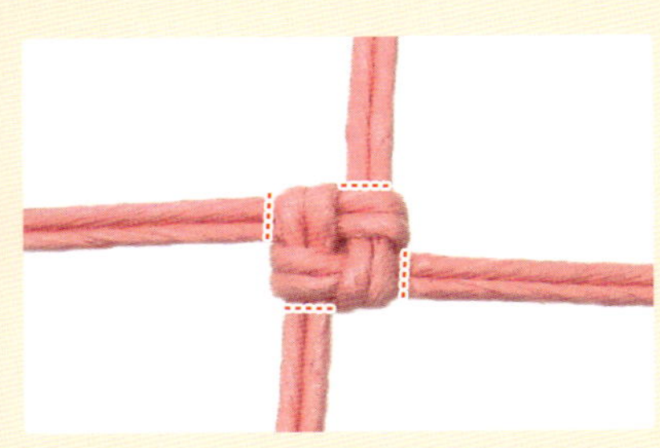

14 花2本の中心で四つだたみ編みを1コマ編み、余分をカットする（基本編み）。
※基本編み：P102参照

15 同様に計7個作る。

15をバランスよくボンドで固定し、完成！

お部屋に飾って
ほっこり空間

B

あじさい

使用したクラフトバンド（★★★・★★）/ design すず

A ▼ P5

さくら
×
ピンク
×
パステルグリーン

スノーホワイト
×
クラフト

B

あじさい
×
ラベンダー
×
ピスタチオ

レモン
×
クラフト
×
マロングラッセ

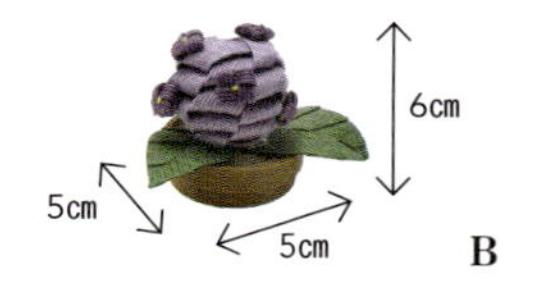

B

ぷっくりして
愛嬌たっぷりのグリーン

左から A,C

サボテン

使用したクラフトバンド（★★★・★★）/ design すず

A
ピスタチオ × ビリジアン × クリーム × パステルいちごみるく
レモン × パステルクッキー × パウダースノー

B
レインドロップ × スウィートオレンジ × ピーターズグリーン × パステルバニラ
ピンク × ひまわり × クラフト × キャラメル

C
アンティークグリーン × モスグリーン × パステルバニラ × ピンク
ひまわり × ミルク

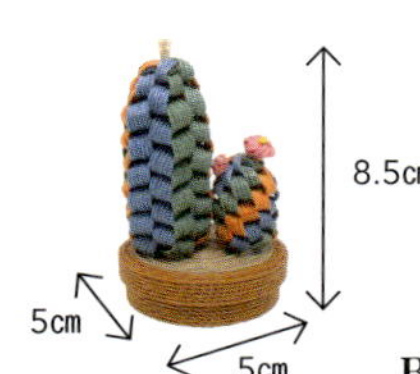

B

作品レベル **中級者**

あじさい

材料と寸法

横紐／あじさい……50cm×2本（12本幅）
縦紐／あじさい……50cm×2本（12本幅）
花紐／ラベンダー…20cm×14本（4本幅）
花芯／レモン……2cm×7本（1本幅）
葉／ピスタチオ……5cm×8本（12本幅）
土／クラフト……150cm×1本（12本幅）
鉢①／マロングラッセ…35cm×1本（12本幅）
鉢②／マロングラッセ……35cm×1本（8本幅）

必要な長さ

あじさい……200cm
クラフト……150cm
ラベンダー……100cm
マロングラッセ……70cm
ピスタチオ……40cm
レモン……2cm

1 横紐と縦紐で写真のように編む。※りんごレシピ：P43～44の1～25参照

2 花紐の中心で四つだたみ編みをゆるめに1コマ編む（基本編み）。
※基本編み：P102参照

3 ボンドを付けた花芯を花紐の中心に差し込み、固定する。

4 花芯の余分をカットする。

5 花紐の余分をカットする。同様に計7個作る。

6 4本の葉を写真のように2本幅分、重ねて貼る。

7 対角線でカットする。

8 右側を裏返し、5mmずらし、貼り合わせる。同様に計2枚作る。
※写真は紐の色を変えています。

9 写真のようにカットする。

10 土にボンドを付けながら巻く。

11 P46～47の9～12を参考に鉢を作る。

Finish!

1と5と9と11をバランスよくボンドで固定し、完成！

サボテン

材料と寸法

大①／レインドロップ……100cm×1本(6本幅)
大②／スウィートオレンジ……100cm×1本(6本幅)
大③／ピーターズグリーン……100cm×1本(6本幅)
トゲ／パステルバニラ……1.5cm×3本(1本幅)
小①／レインドロップ……70cm×1本(4本幅)
小②／スウィートオレンジ……70cm×1本(4本幅)
小③／ピーターズグリーン……70cm×1本(4本幅)
花芯①／ひまわり……5cm×1本(1本幅)
花芯②／ひまわり……1cm×1本(1本幅)
花①／ピンク……20cm×3本(2本幅)
花②／ピンク……20cm×3本(1本幅)
土／クラフト……150cm×1本(12本幅)
鉢①／赤レンガ……35cm×1本(12本幅)
鉢②／赤レンガ……35cm×1本(6本幅)

必要な長さ

レインドロップ……170cm
スウィートオレンジ……170cm
ピーターズグリーン……170cm
クラフト……150cm
キャラメル……70cm
ピンク……20cm
ひまわり……5cm
パステルバニラ……1.5cm

1 Ⓐ（大①）とⒷ（大②）を中心で折り、ⒶにⒷを掛ける。

2 Ⓒ（大③）を中心で折り、ⒶⒷに掛ける。

3 Ⓒの下側の紐を手前に曲げ、ⒶⒷの輪に通す。

4 Ⓑの下側の紐を手前に曲げ、ⒸⒶの輪に通す。

5 Ⓐの下側の紐を手前に曲げ、ⒷⒸの輪に通す。

6 引き締める（花結び）。

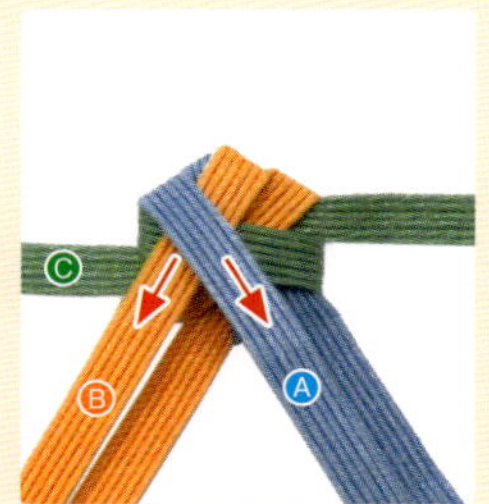

7 裏返し、ⒷⒶの順で写真のように倒す。

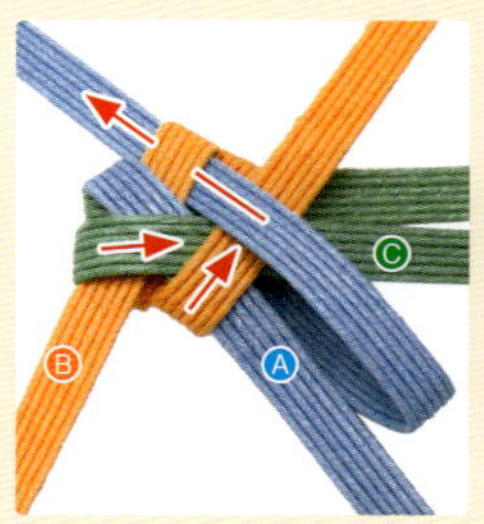

8 ⒸⒷの順で倒し、Ⓐの下側の紐は写真のように通す（反時計回り）。

9 Ⓒの下側の紐は2本通し、引き締める（1段）。

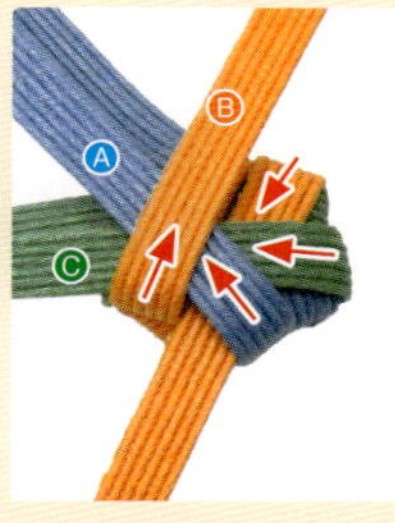

10 Ⓑの下側の紐を倒し、ⒸⒶⒷの順で倒す（時計回り）。

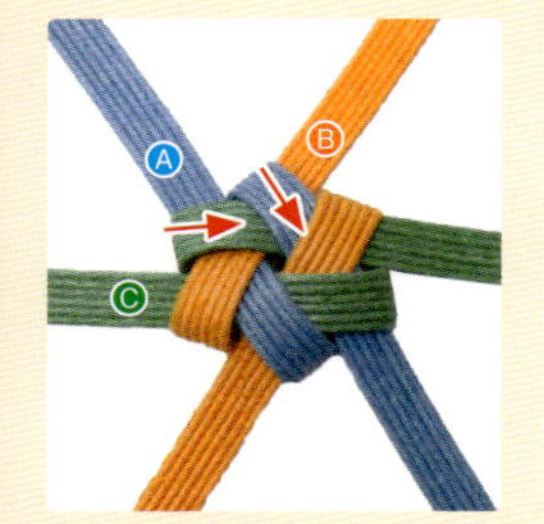

11 ⒸⒶの順で下側の紐を通し、引き締める（2段）。

12 7～11を繰り返し、10段編む。

13 それぞれの左端を1本幅に割き、紐の下を黄色の線の位置まで割く。

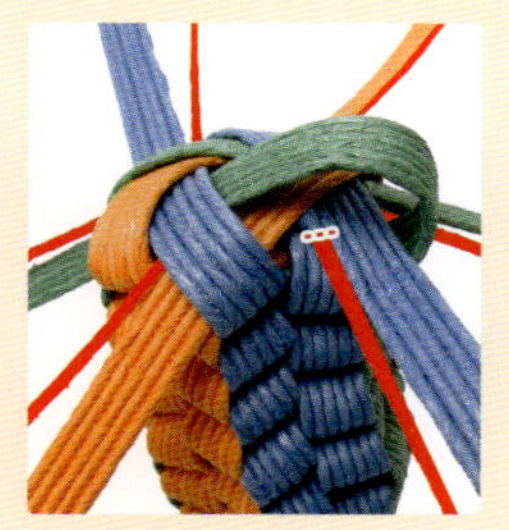

14 紐を浮かせ、その下で1本幅をカットする。全ての1本幅も同様にカットする。

15 反時計回りに倒す。

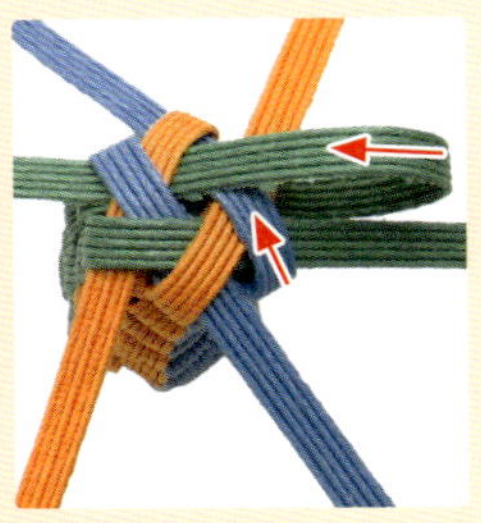

16 写真のように通し、引き締める（11段）。

17 それぞれの右端を1本幅に割き、紐の下でカットする。※写真は紐の色を変えています。

18 時計回りに12段目を編む。

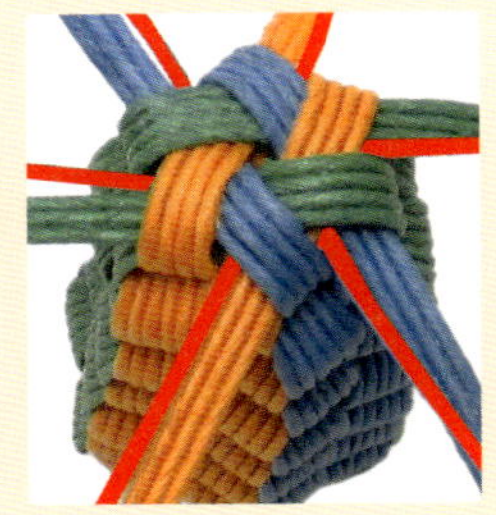

19 それぞれの左端を1本幅に割き、紐の下でカットする。※写真は紐の色を変えています。

20 反時計回りに13段目を編む。

21 目打ちで中央の穴を広げ、ボンドを付けたトゲを固定する。

22 引き締めて余分をカットする（サボテン大の完成）。

23 小①②③で花結びを編み、裏返す。

24 時計回りで1段編む。

25 時計回りで5段編む。

26 それぞれの左端を1本幅に割き、紐の下でカットする。※写真は紐の色を変えています。

27 時計回りで6段目を編む。

28 それぞれの左端を1本幅に割き、紐の下でカットする。※写真は紐の色を変えています。

29 時計回りで7段目を編み、余分をカットする。

30 花芯①を写真のように結ぶ。

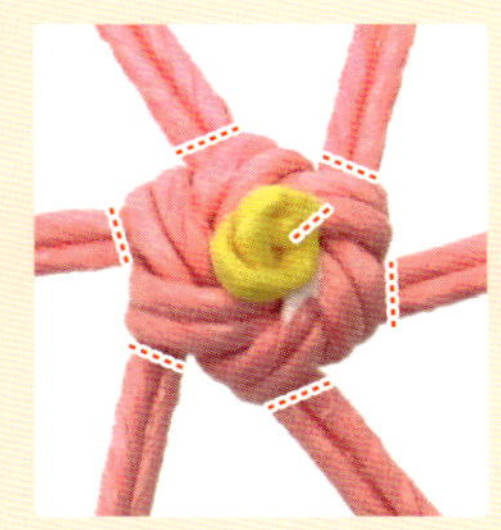

31 花①で花結びを編み、ボンドを付けた30を中央に差し込み、余分をカットする。

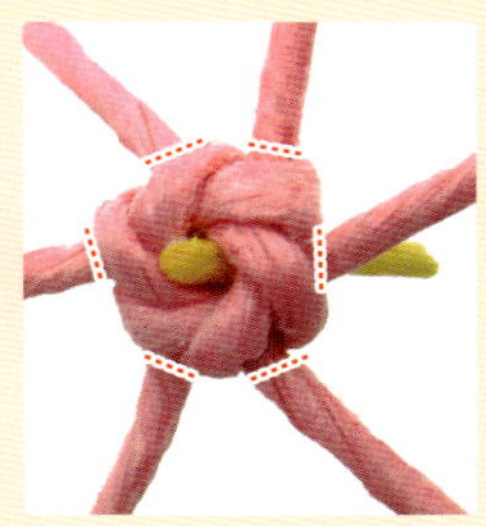

32 花②で花結びを編み、ボンドを付けた花芯②を中央に差し込み、余分をカットする。

33 29に31と32をボンドで固定する（サボテン小の完成）。

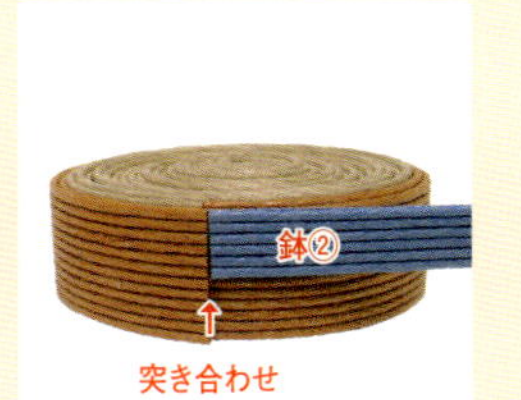

34 土にボンドを付けながら巻く。P46～47の9～10を参考に鉢①を貼り、写真のように鉢②を貼る。

サボテン大と小をボンドで固定し、完成！

左から A,C,B

リボン

使用したクラフトバンド（★★）/ design すず

A 【ステッチ】
パステルアイスブルー
×
あじさい

B ショコラミルフィーユ
×
モカチョコ
※イメージカットは P13の巻き紐（パステルクッキー）が付いています。

C こんぺいとう
×
パステルアイスブルー

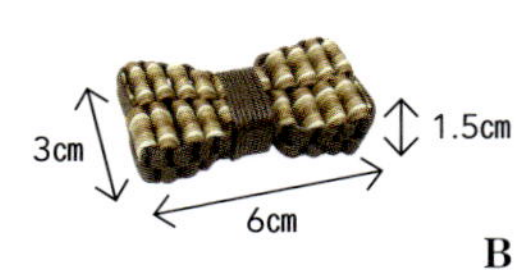

B

作品レベル **中級者**

リボン

材料と寸法

横紐／モカチョコ……………… 45cm×4本(5本幅)
縦紐／ショコラミルフィーユ…… 35cm×4本(12本幅)
ベルト紐／モカチョコ…………… 9cm×1本(8本幅)

必要な長さ

ショコラミルフィーユ…………… 140cm
モカチョコ…………………………… 99cm

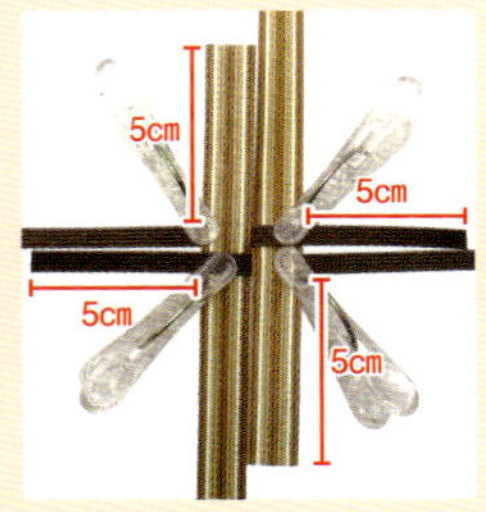

1 横紐と縦紐で写真のように井桁に組む（5cmの紐は27まで使用しない）。

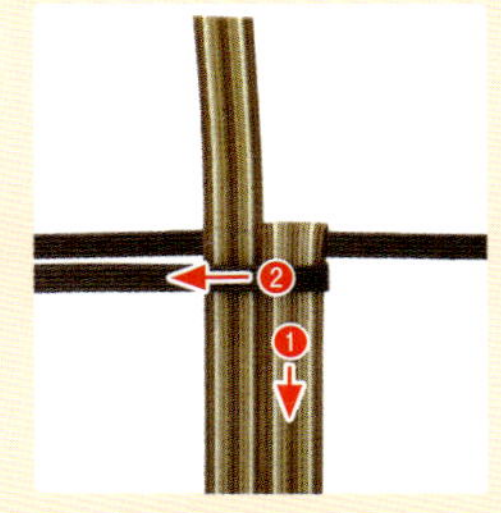

2 ❶❷の順に折る。

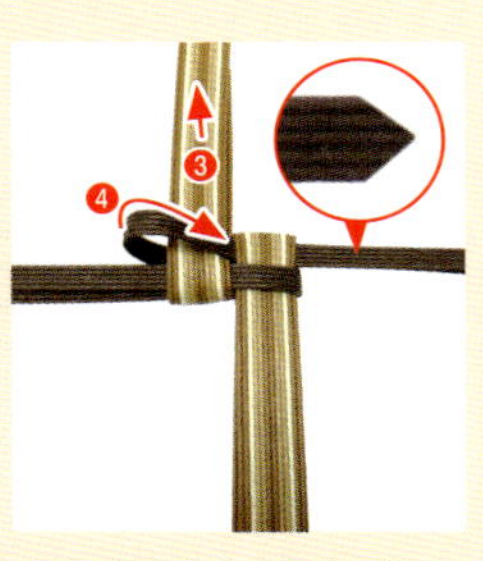

3 ❸を折り、❹は先端をV字にカットし、紐の下を通し、しっかり引き締める（時計回り1段目）。

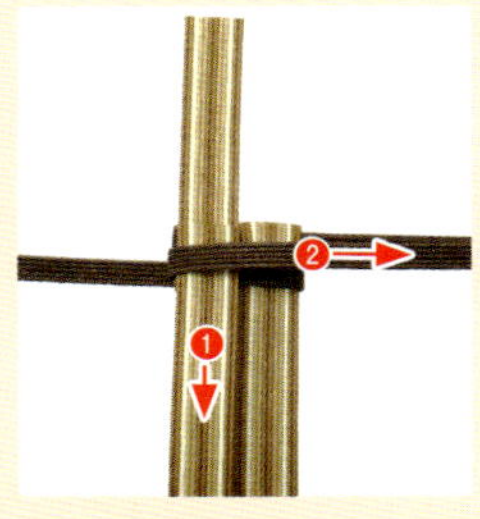

4 ❶❷の順に折る。

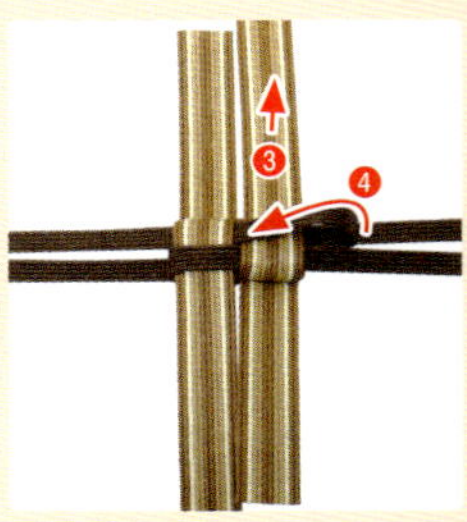

5 ❸を折り、❹は紐の下を通し、しっかり引き締める（反時計回り2段目）。

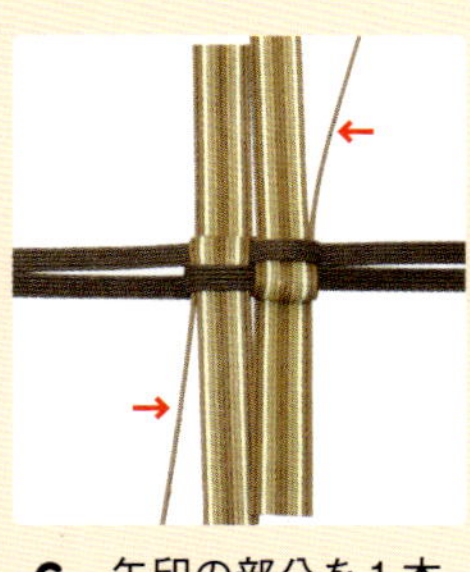

6 矢印の部分を1本幅に割く。

7 紐を浮かせ、その下で1本幅をカットする。反対側も同様にカットする。

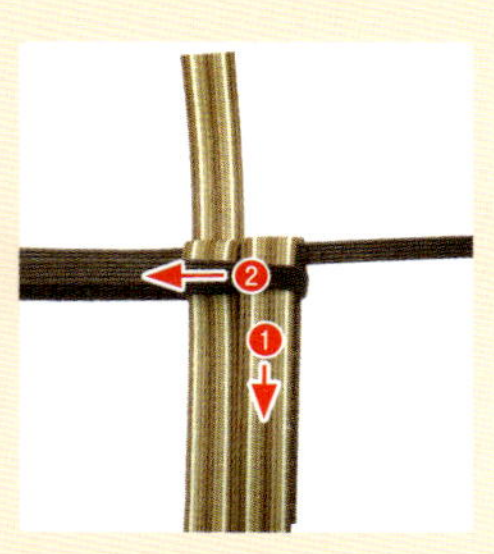

8 ❶❷の順に折る。

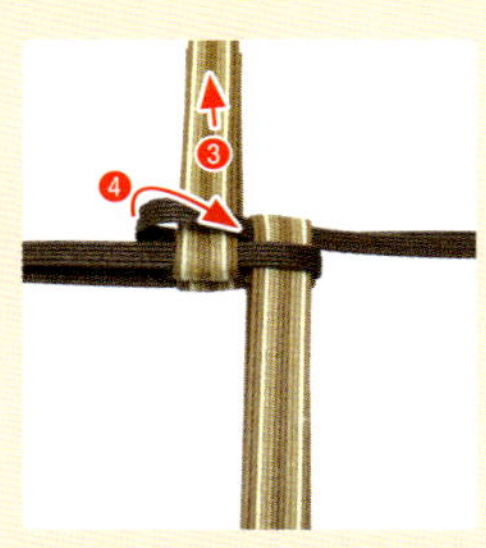

9 ❸を折り、❹は紐の下を通し、しっかり引き締める（時計回り3段目）。

10 ❶❷の順に折る。

11 ❸を折り、❹は紐の下を通し、しっかり引き締める（反時計回り4段目）。

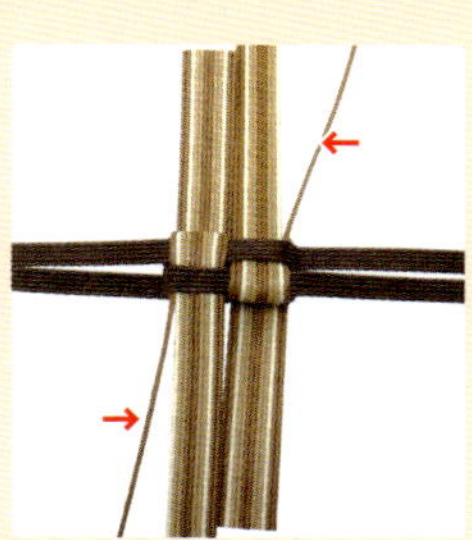

12 矢印の部分を1本幅に割き、紐の下でカットする。

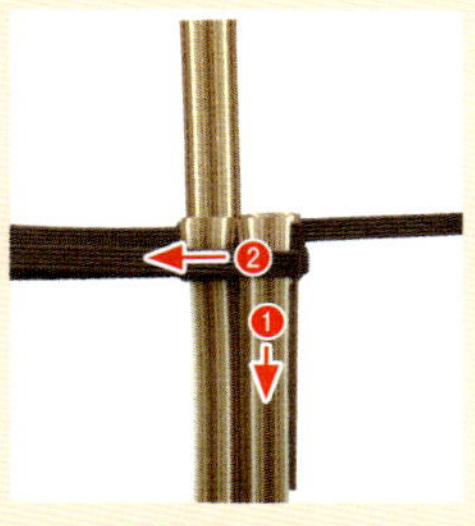

13 ❶❷の順に折る。

14 ❸を折り、❹は紐の下を通し、しっかり引き締める（時計回り5段目）。

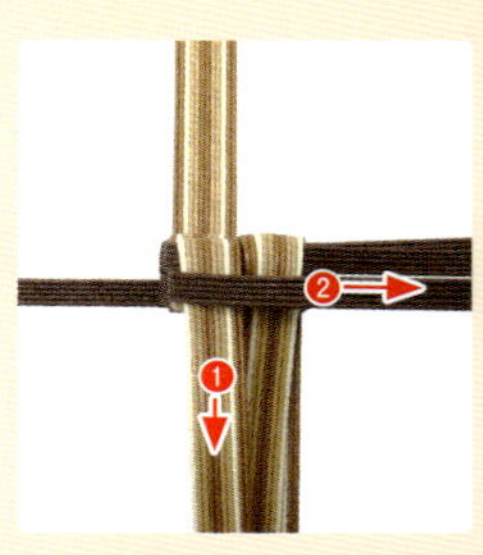

15 ❶❷の順に折る。

16 ❸を折り、❹は紐の下を通す（反時計回り６段目）。

17 矢印の部分を２本幅に割き、紐の下でカットする。※写真は紐の色を変えています。

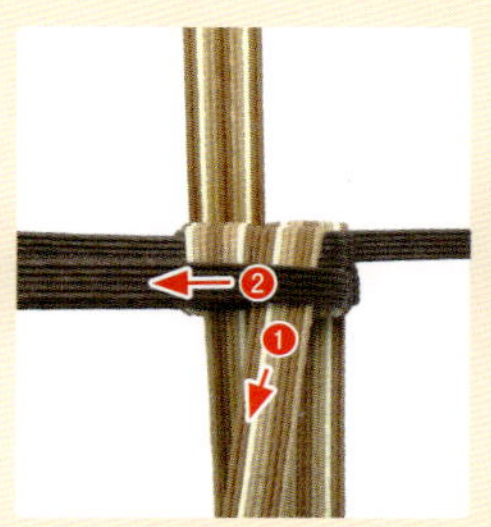

18 ❶❷の順に折る。

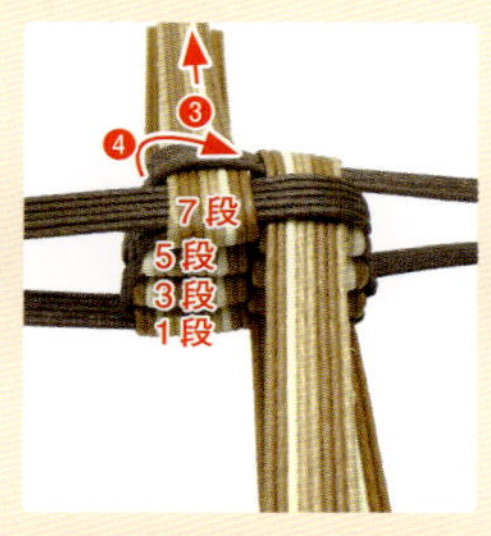

19 ❸を折り、❹は紐の下を通す（時計回り７段目）。

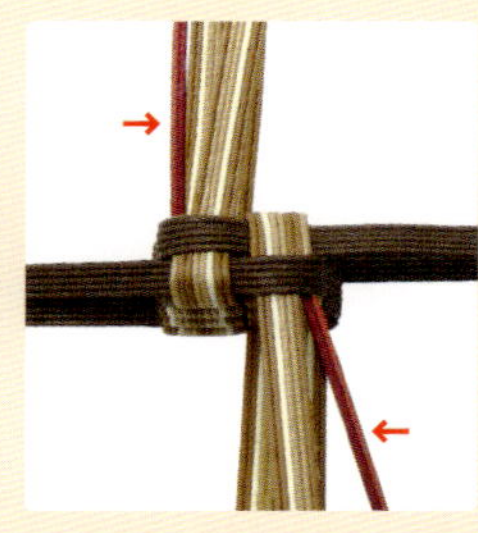

20 矢印の部分を２本幅に割き、紐の下でカットする。※写真は紐の色を変えています。

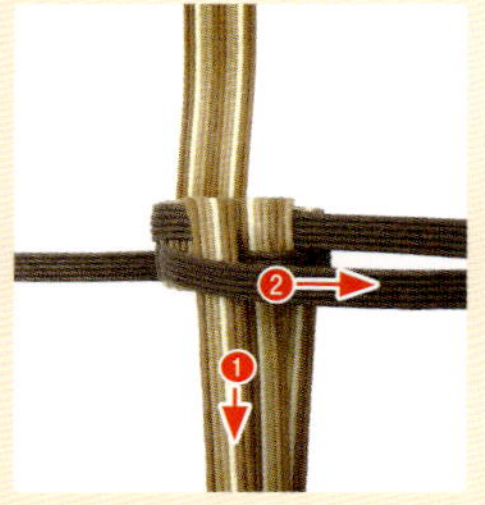

21 ❶❷の順に折る。

22 ❸を折り、❹は紐の下を通す（反時計回り８段目）。

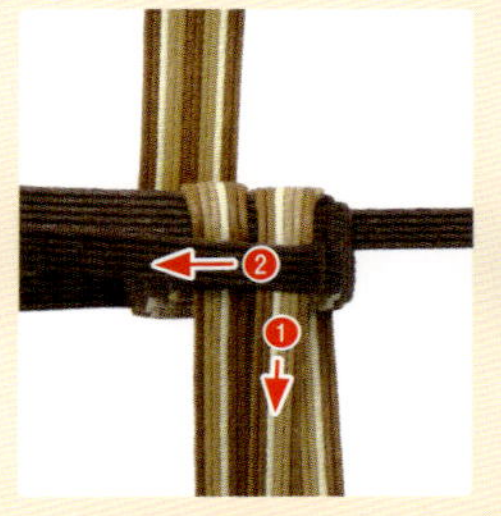

23 ❶❷の順に折る。

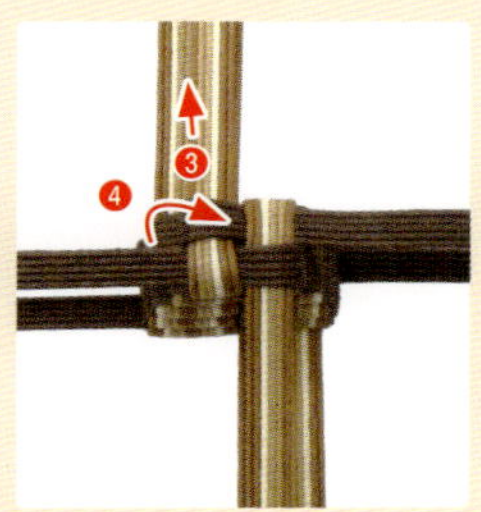

24 ❸を折り、❹は紐の下を通す（時計回り９段目）。

25 正面から見たところ。

26 余分をカットする。

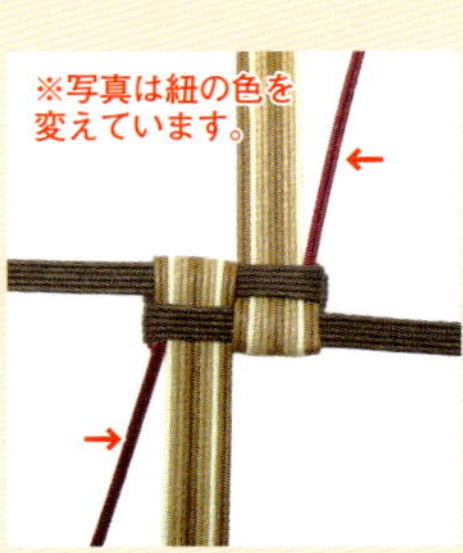

27 上下を反転する。5㎝の紐の矢印の部分を２本幅に割き、紐の下でカットする。

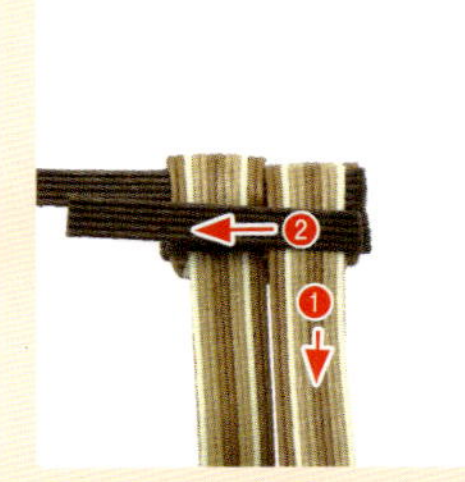

28 ❶❷の順に折る。

29 ❸を折り、写真のようにボンドを付け、❹は紐の下を通す。

30 余分をカットする。

31 上下を戻し、正面から見たところ。

32 側面。

33 同じものを２個作り、ボンドでしっかり固定する。

34 ボンドを付けたベルト紐を中央に巻いて固定し、余分をカットする。

完成！

四季折々の
モチーフが暮らしを彩る
シーズンズ・リース

夏の金魚リース

使用したクラフトバンド（★★★）

春のおひなさまリース

使用したクラフトバンド（★★★）

直径 11㎝

直径 11㎝

直径 10㎝

A
きなこもち
×
スノーホワイト
×
パステルグリーン
×
サーモン
×
ピンク

ブラック
×
カスタードクリーム
×
元禄
×
あんず
×
パステルモカバニラ

B
エンジェルフィッシュ
×
あんず
×
レッド
×
ネイビー
×
メロンソーダ

レインドロップ
×
スノーホワイト
×
ブラック

C
リッチココア
×
ビタミンオレンジ
×
クリーム
×
サフラン
×
オリーブ

★★クラフト
×
スペシャルブラック
×
ストロベリー

 左から A,B / design すず

秋のハロウィンリース

使用したクラフトバンド（★★）

冬のスノーリース

使用したクラフトバンド（★★）

直径 11㎝

D

パステルアイスブルー
×
あじさい
×
パウダースノー
×
ラメ☆シルバー

E

パステルパウダーブルー
×
コバルトブルー
×
パウダースノー
×
ラメ☆シルバー

上から **C,D,E** / design J

春のおひなさまリース

材料と寸法

枠紐／ピンク	71cm×1本(12本幅)
飾り紐／きなこもち	360cm×1本(6本幅)
台紐／ピンク	25cm×1本(12本幅)
本体①／パステルグリーン	45cm×4本(8本幅)
本体②／サーモン	45cm×4本(8本幅)
袖①／パステルグリーン	4cm×2本(6本幅)
袖②／元禄	4.5cm×2本(12本幅)
袖③／サーモン	4cm×2本(6本幅)
袖④／あんず	4.5cm×2本(12本幅)
頭紐／スノーホワイト	40cm×8本(7本幅)
耳紐／ピンク	4.5cm×4本(4本幅)
花飾り／ピンク	10cm×4本(1本幅)
目紐／ブラック	10cm×8本(1本幅)
しゃく／パステルモカバニラ	2.5cm×1本(6本幅)
扇／カスタードクリーム	2cm×3本(12本幅)
花冠／カスタードクリーム	15cm×3本(1本幅)
冠①／ブラック	10cm×2本(2本幅)
冠②／ブラック	2cm×1本(3本幅)

必要な長さ

きなこもち	360cm
スノーホワイト	320cm
パステルグリーン	184cm
サーモン	184cm
ピンク	115cm
ブラック	22cm
カスタードクリーム	21cm
元禄	9cm
あんず	9cm
パステルモカバニラ	2.5cm

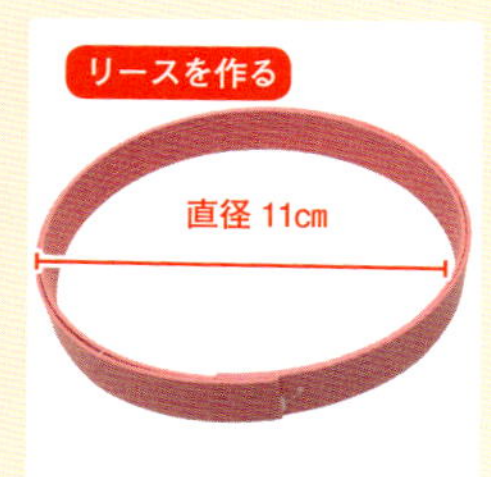

1 枠紐を二重に巻き、ボンドで固定する(円周35cm)。

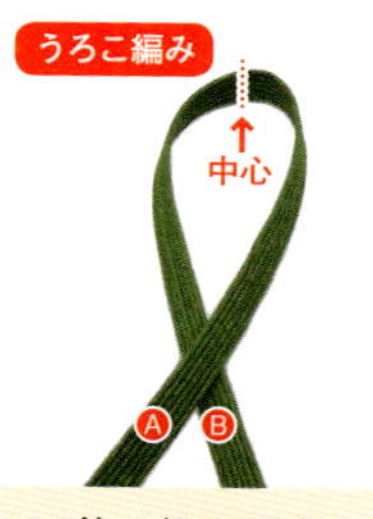

2 飾り紐を写真のように交差させて輪を作る。※写真は紐の色を変えています。

3 Aを輪に通す。

4 Bを引き締める。

5 Bを根元から手前に折り、写真のように曲げてAの輪に通す。

6 Aを引き締める。

7 Aを根元から手前に折り、写真のように曲げてBの輪に通す。

8 Bを引き締める。

9 5〜8を繰り返す。40cmの長さになるまで編む。

10 編み終わりは輪からBを引き抜き、ボンドを付ける。

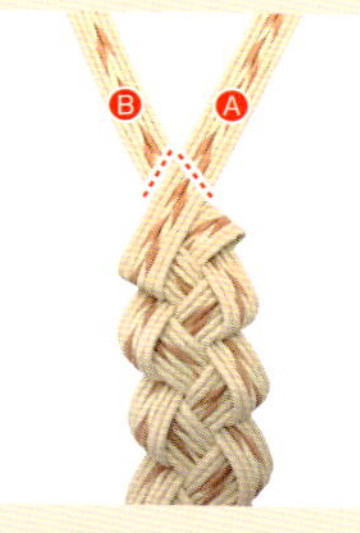

11 Aを倒して固定し、余分をカットする。

12 編み始めをラジオペンチで平らに潰す。

13 12の編み始めを上にして、1にボンドを付けながら貼る。

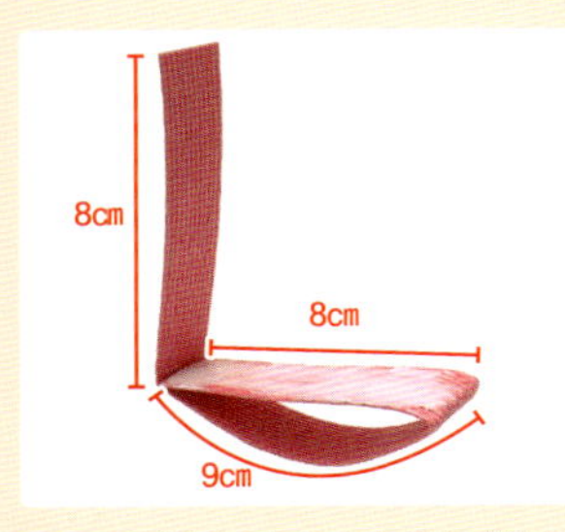

14 台紐を写真のように折り、下部をアーチ状にして8cm部分をボンドで貼る。

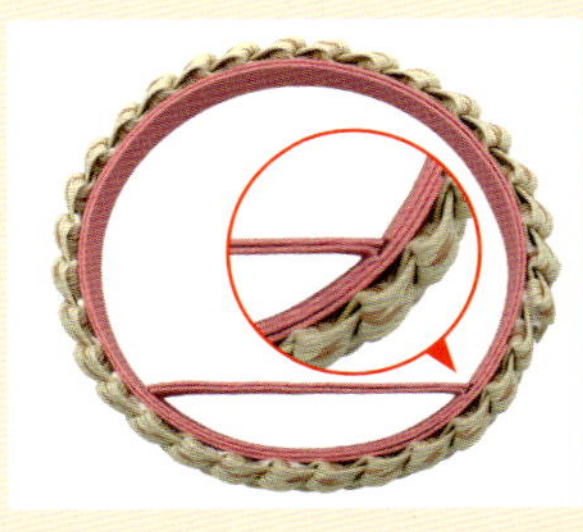

15 13に14をボンドで貼る（リースの完成）。

16 本体①で井桁に組み、中心の隙間を5mm角にする。◎をボンドでしっかり固定する。

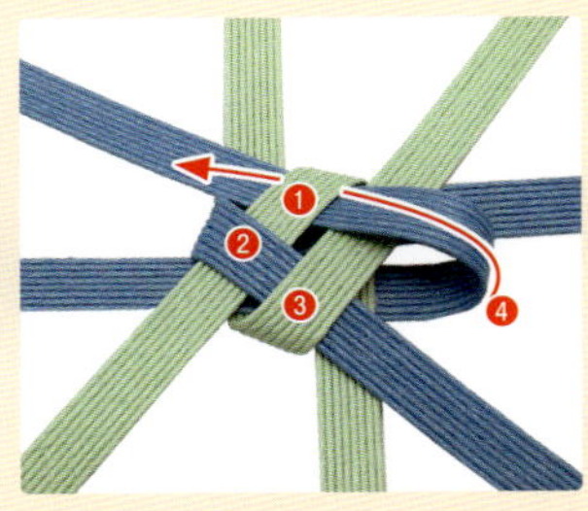

17 写真の順番で倒し、4本目は紐の下を通し、引き締める。

18 右端を1本幅に割き、紐を浮かせ、その下で1本幅をカットする。

19 ★が7本幅になったところ。

20 写真の順番で倒し、4本目は紐の下を通し、引き締める。

21 右端を1本幅に割き、紐を浮かせ、その下で1本幅をカットする。

22 写真の順番で倒し、4本目は紐の下を通し、引き締める。

23 余分をカットする。

24 裏返す。

25 17〜22を繰り返し、6段編んだところ。

26 余分をカットする（本体の完成）。本体②でもう1つ同じものを作る。

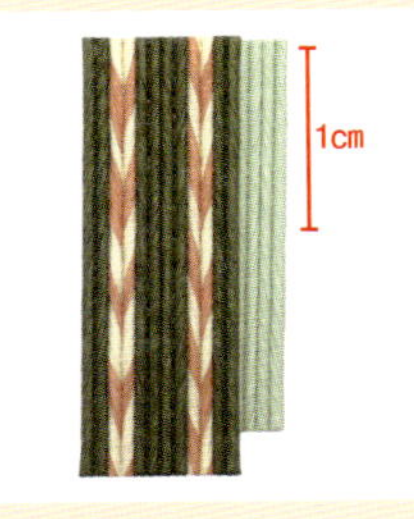

27 袖①に袖②を4本幅出して1cm貼る。

28 写真のように曲げてボンドで固定する。同様にもう1つ作る（袖の完成）。袖③袖④を使い、同様に2つ作る。

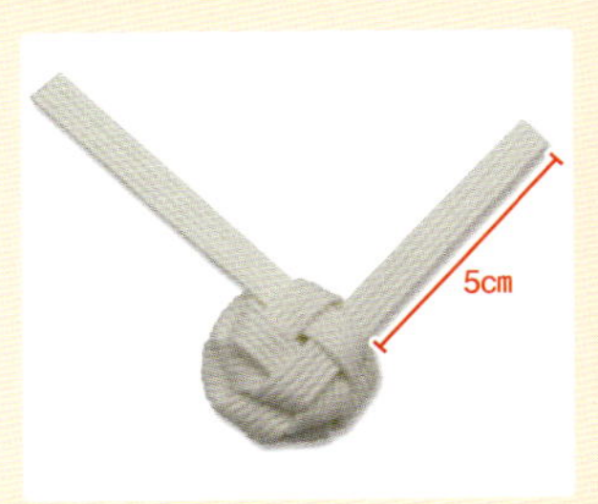

29 頭紐4本で16〜25を参考に6段編み、写真のようにカットする。

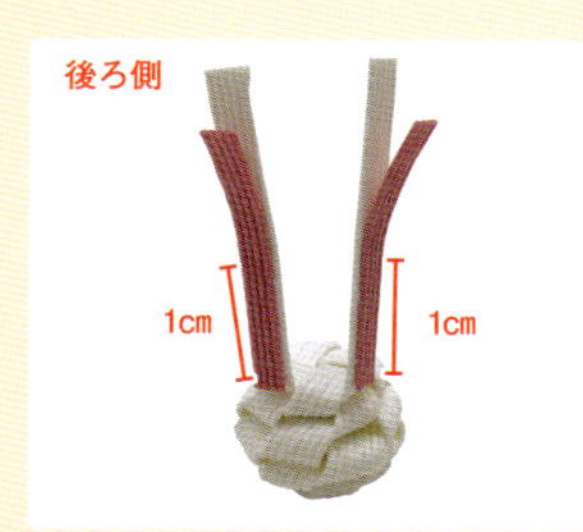

30 29の残した紐に耳紐の先端1cmをボンドで貼る。

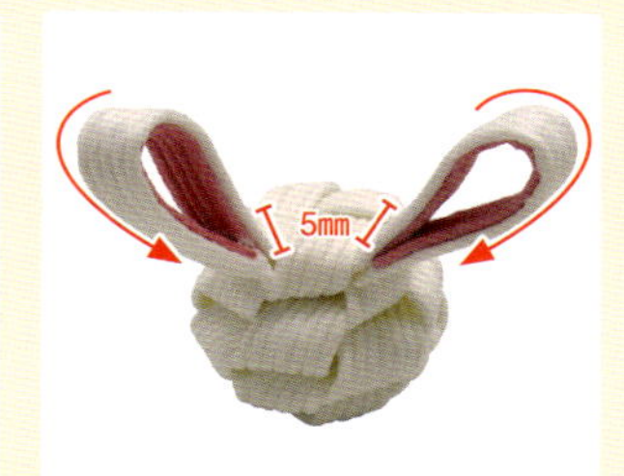

31 写真のように曲げてボンドで固定する（頭の完成）。もう1つ同様に作る。

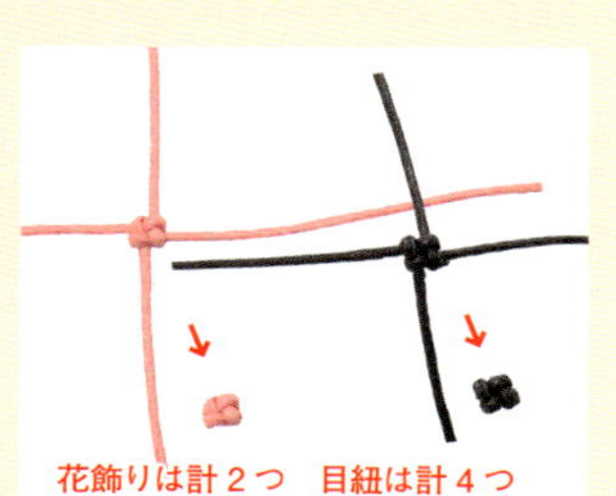

32 花飾りと目紐でそれぞれ四つだたみ編みを1コマ編み、余分をカットする（基本編み）。※基本編み：P102参照

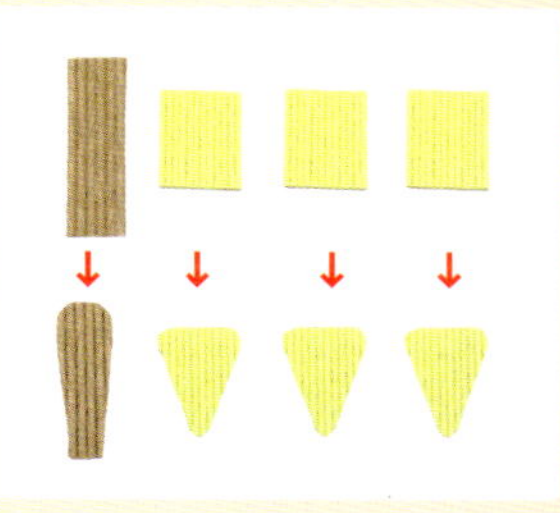

33 しゃくと扇を写真のようにカットする。

34 扇を写真のように重ねてボンドで固定し、花飾りを貼る。

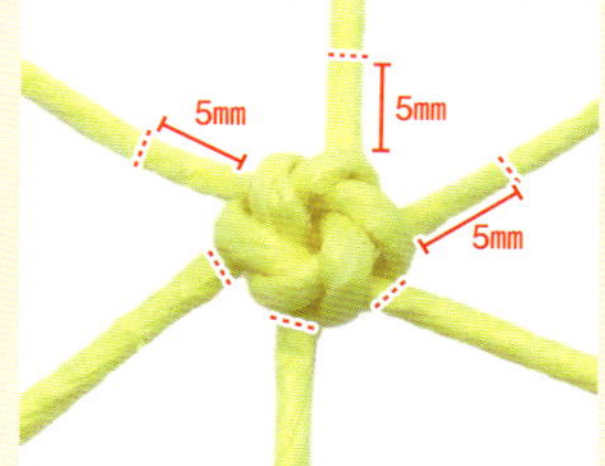

35 花冠で花結びを1コマ編み、写真のように余分をカットする。
※花結び：P51参照

36 冠①で四つだたみ編みを1コマ編み、裏返す（基本編み）。

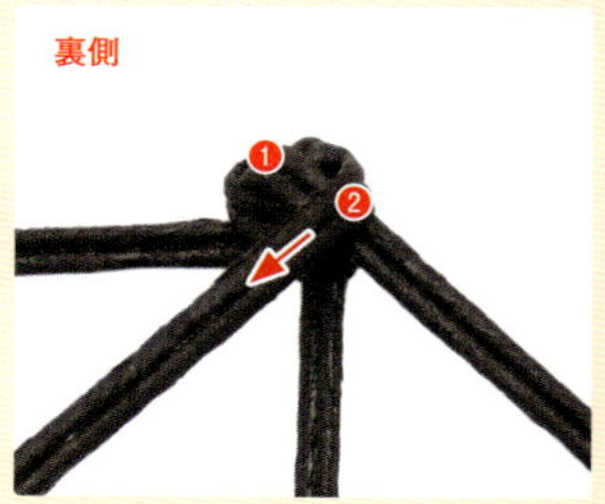

37 写真の順番で倒す。

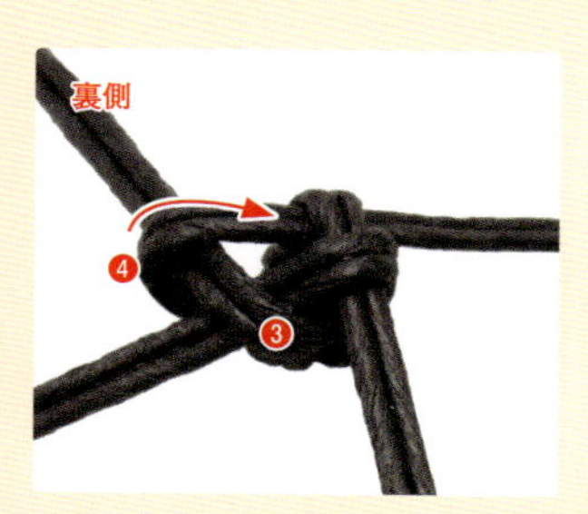

38 写真の順で倒し、4本目は紐の下を通す。

39 引き締める。

40 余分をカットする。

41 冠②の先端を丸くカットし、40とボンドで固定する。

写真のようにパーツをボンドで固定し、完成！

夏の金魚リース

材料と寸法

枠紐／ネイビー……71cm×1本（12本幅）
飾り紐／エンジェルフィッシュ…360cm×1本（6本幅）
本体／あんず……45cm×4本（8本幅）
尾びれ／レッド……30cm×4本（5本幅）
頭紐／レッド……15cm×4本（5本幅）
背びれ／レッド……5cm×1本（12本幅）
泡／レインドロップ……5cm×1本（12本幅）
水草①／メロンソーダ……6cm×4本（2本幅）
水草②／メロンソーダ……1.5cm×4本（8本幅）
胸びれ／レッド……2cm×2本（9本幅）
目①／スノーホワイト……2cm×2本（12本幅）
目②／ブラック……2cm×2本（12本幅）

※テグス50cmをご用意ください。

必要な長さ

エンジェルフィッシュ…360cm
あんず……180cm
レッド……99cm
ネイビー……71cm
メロンソーダ……12cm
レインドロップ……5cm
スノーホワイト……4cm
ブラック……4cm

1 枠紐と飾り紐でリースを作る。
※リースの作り方：P58の1〜13参照

2 本体を編む。
※本体の作り方：P59の16〜26参照

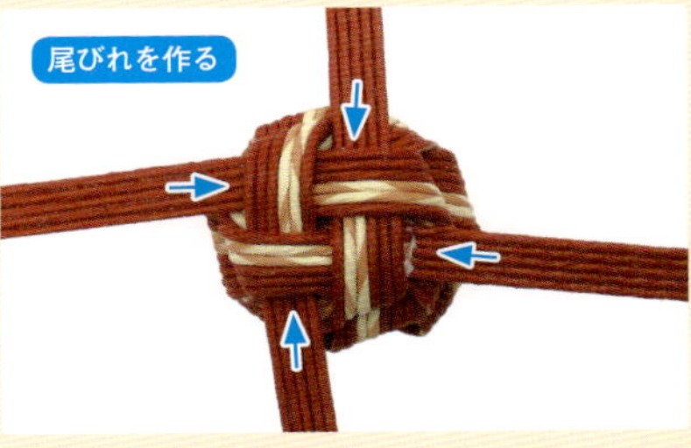

3 尾びれ4本の先端にボンドを付け、写真のように差し込み、固定する。

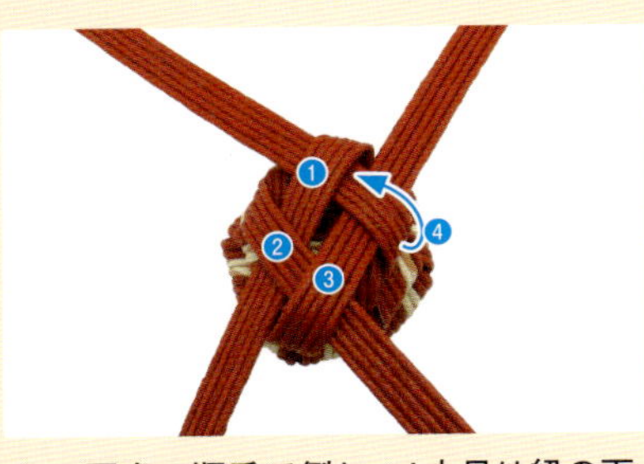

4 写真の順番で倒し、4本目は紐の下を通し、引き締める。

5 写真の順番でもう1段編み、引き締める。

6 左右の余分をカットする（余分は使うので取っておく）。

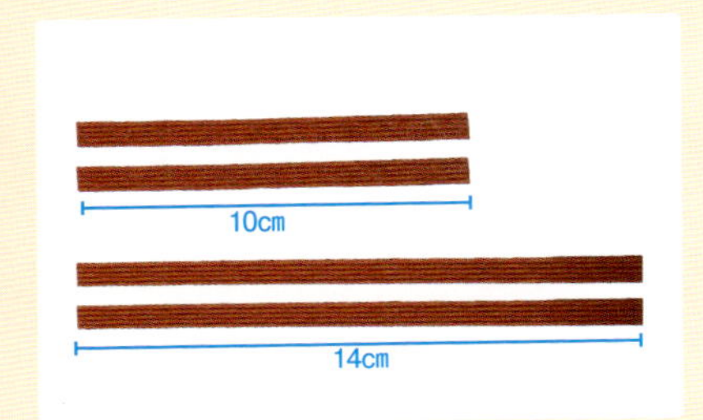

7 6の余分を写真のようにカットする。

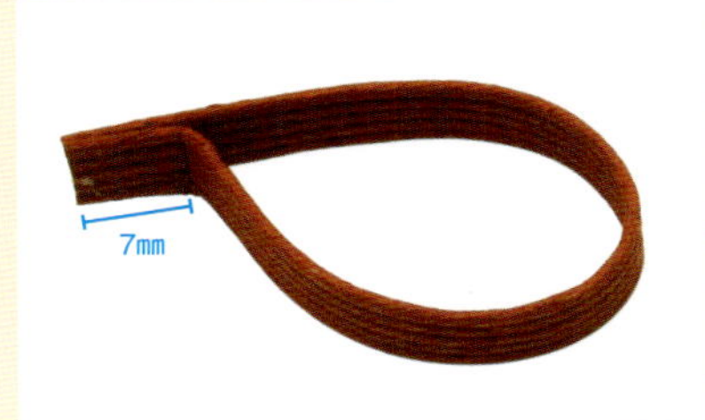

8 10cmの紐の先端を7mm折り、写真のように輪にしてボンドで固定する。

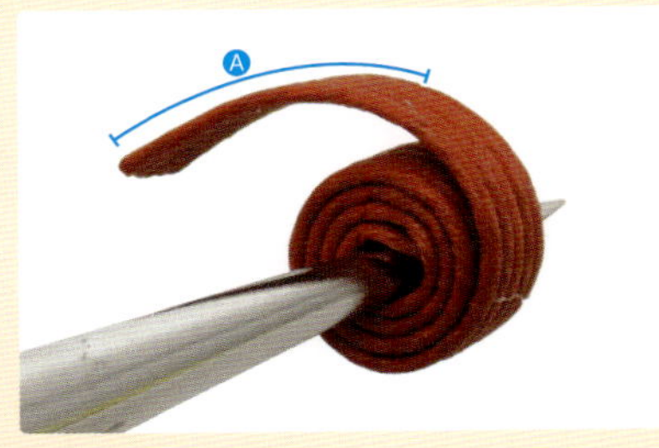

9 14cmの紐は目打ちを使い、丸めてクセを付ける。

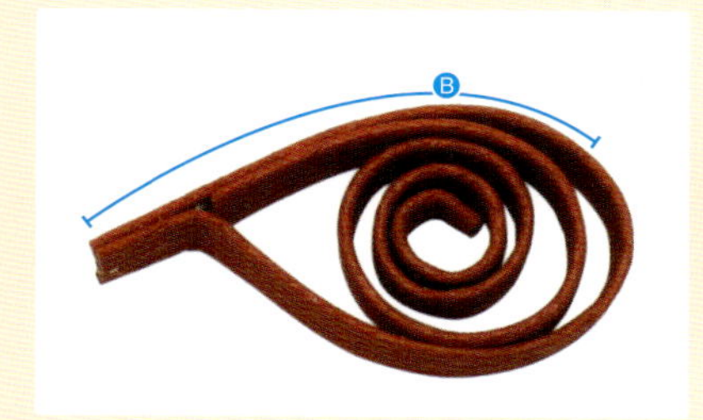

10 9のⒶにボンドを付け、8に固定する。同じものをもう1つ作る。

11 6の尾びれを11㎝にカットする。先端にボンドを付け、写真のように差し込み、固定する。

12 10のⒷにボンドを付け、写真のように固定し、形を整える（尾びれの完成）。

13 頭紐の先端にボンドを付け、写真のように差し込み、固定する。

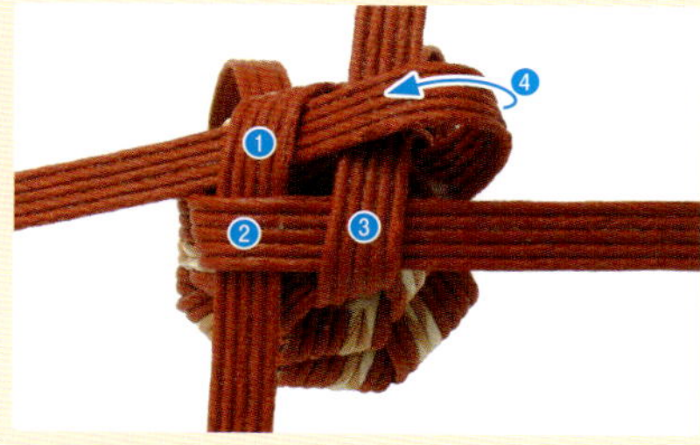

14 反時計回りに倒し、4本目は紐の下を通し、引き締める。

15 右端を1本幅に割き、紐を浮かせ、その下で1本幅をカットする。
※写真は紐の色を変えています。

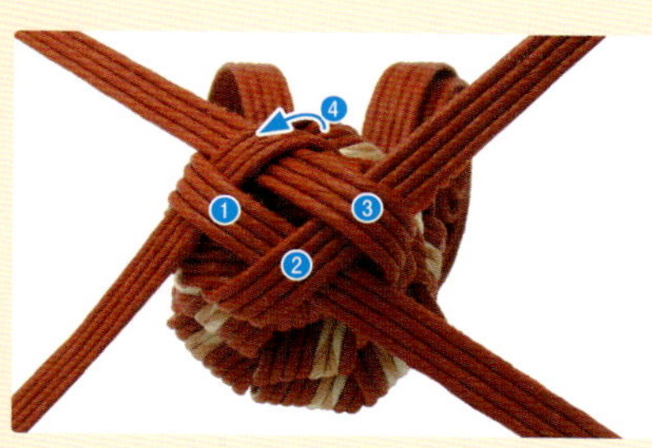

16 反時計回りに倒し、4本目は紐の下を通し、引き締める。

17 右端を1本幅に割き、紐を浮かせ、その下で1本幅をカットする。
※写真は紐の色を変えています。

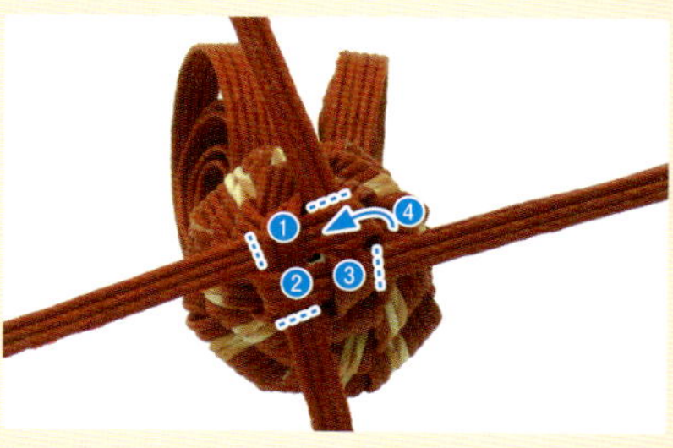

18 反時計回りに倒し、4本目は紐の下を通し、ボンドを付けて引き締める。余分をカットする。

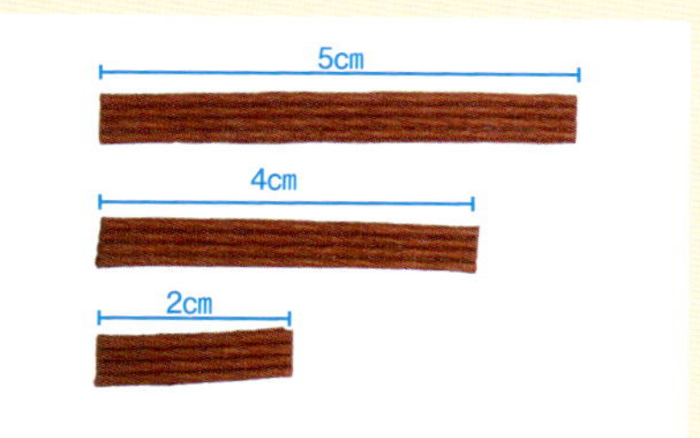

19 背びれを4本幅に割き、写真のようにカットする。

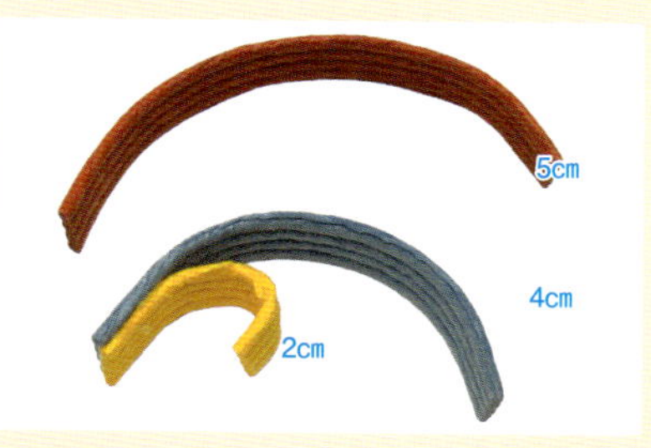

20 背びれを写真のように曲げ、2㎝と4㎝の紐の先端をボンドで固定する。
※写真は紐の色を変えています。

21 20を写真のように差し込み、ボンドで固定する。

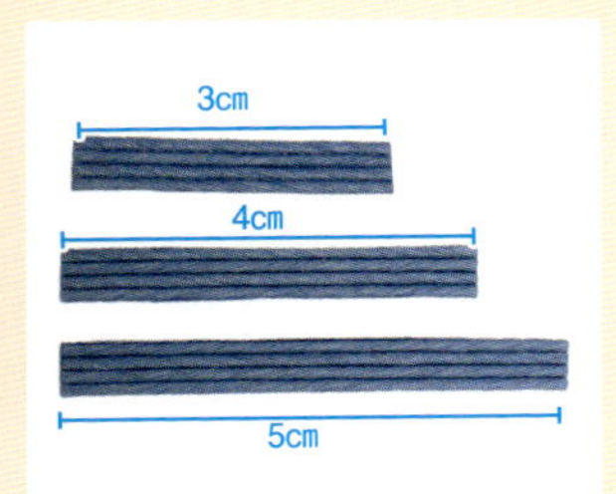

22 泡を4本幅に割き、写真のようにカットする。

23 22を輪にして写真のようにボンドで固定する。

24 水草①2本を貼り合わせる。
※写真は紐の色を変えています。

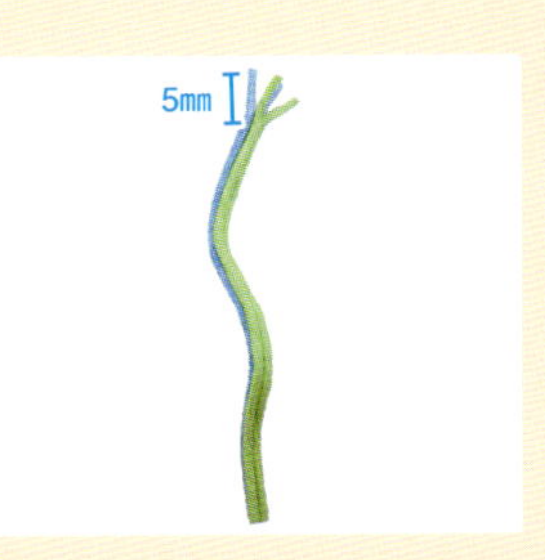

25 24をカーブさせ、先端5㎜を1本幅に割く。もう1つ同じものを作る。

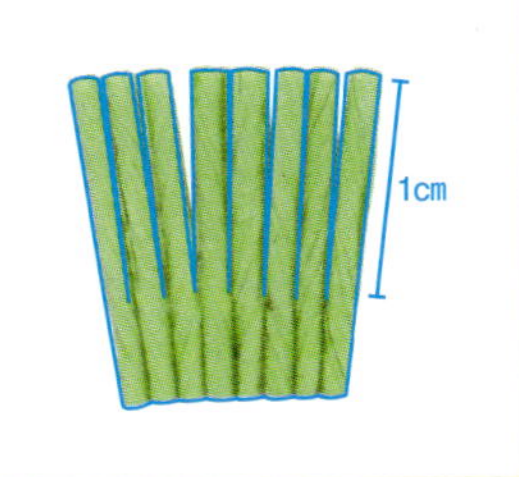

26 水草②の先端1㎝を1本幅に割く。同じものを4つ作る。

27 25の1つを少し短くカットし、それぞれ26にボンドを付けて巻く。

28 リースに23と27をバランスよくボンドで固定する。

29 胸びれを写真のようにカットする。

30 目①②を写真のようにカットし、ボンドで固定する。

31 29と30本体にバランス良くボンドで固定する。

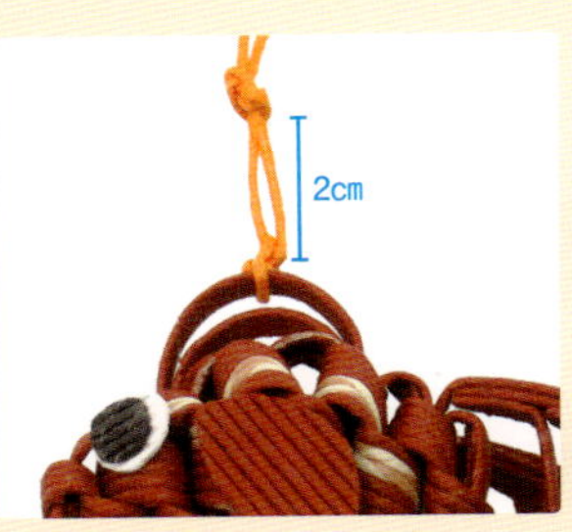

32 テグスの中心を背びれに通し、3回結ぶ。2㎝上で1回結ぶ。※写真はテグスの代わりに1本幅を使用しています。

33 リースに通し、裏側で3回結び、余分をカットする。

Finish!

完成！

秋のハロウィンリース

材料と寸法

リース①／ビタミンオレンジ…… 400cm×1本(6本幅)
リース②／リッチココア…… 400cm×1本(6本幅)
本体①／クリーム…… 15cm×3本(3本幅)
本体②／クリーム…… 250cm×1本(1本幅)
パーツ①／クリーム…… 2cm×2本(6本幅)
パーツ②／スペシャルブラック…… 1cm×1本(3本幅)
パーツ③／ストロベリー…… 1cm×1本(1本幅)
かぼちゃ①／サフラン…… 20cm×1本(12本幅)
かぼちゃ②／サフラン…… 7cm×6本(6本幅)
かぼちゃ③／★★クラフト…… 3cm×1本(12本幅)
かぼちゃ④／オリーブ…… 7cm×1本(2本幅)
こうもり①／リッチココア…… 10cm×2本(3本幅)
こうもり②／リッチココア…… 5cm×1本(12本幅)

必要な長さ

リッチココア…… 415cm
ビタミンオレンジ…… 400cm
クリーム…… 267cm
サフラン…… 41cm
オリーブ…… 7cm
★★クラフト…… 3cm
スペシャルブラック…… 1cm
ストロベリー…… 1cm

1 リース①②の中心で四つだたみ編みを1コマ編む(基本編み)。
※基本編み：P102 参照

2 裏返す。

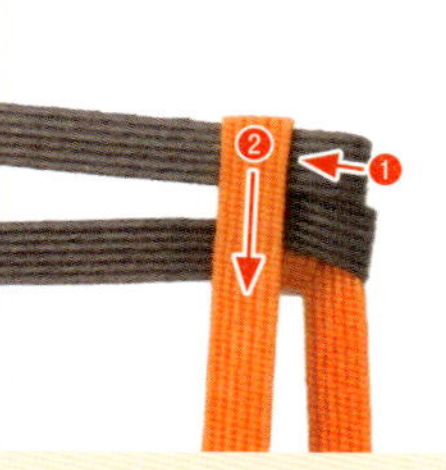

3 ❶❷の順に折る。

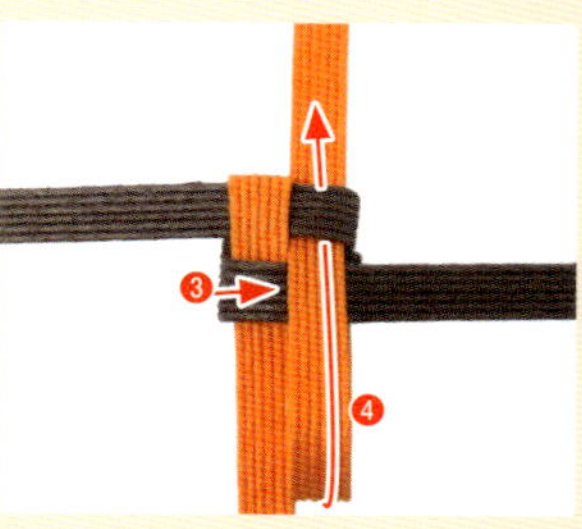

4 ❸を折り、❹は紐の下を通す（反時計回り）。

5 ❶❷の順に折る。

6 ❸を折り、❹は紐の下を通す（時計回り）。

7 3～6を繰り返し、約25cmまで編む。

8 7を360度ねじり、Ⓐを写真のように差し込む（差し込めない場合は1段ほどく）。

9 Ⓑを写真のように差し込む。

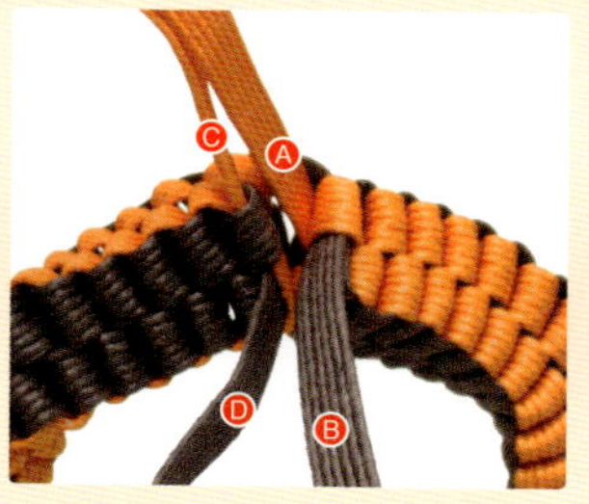

10 引き締める。

11 Ⓓを写真のように差し込む。

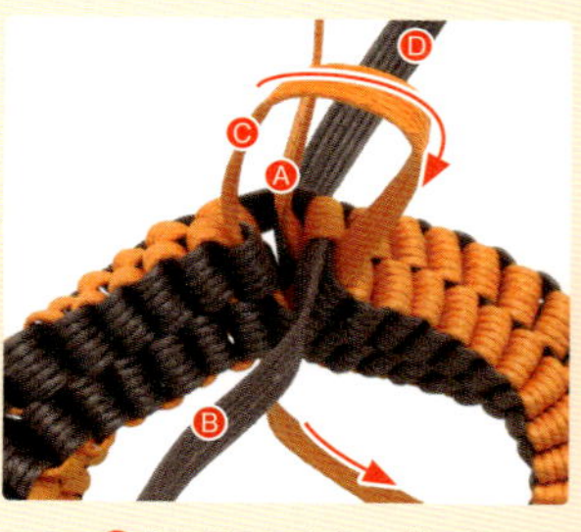

12 Ⓒを写真のように差し込む。

13 引き締め、Ⓓを残し、その他の余分をカットし、ボンドで固定する。

14 Ⓓを３本幅に割き、外側を根元でカットする。

15 残りの紐をお好みの長さにカットし、先端にボンドを付け、差し込んで固定する（リースの完成）。

16 本体①の中心を重ね、等間隔にする。中心をボンドで固定する。

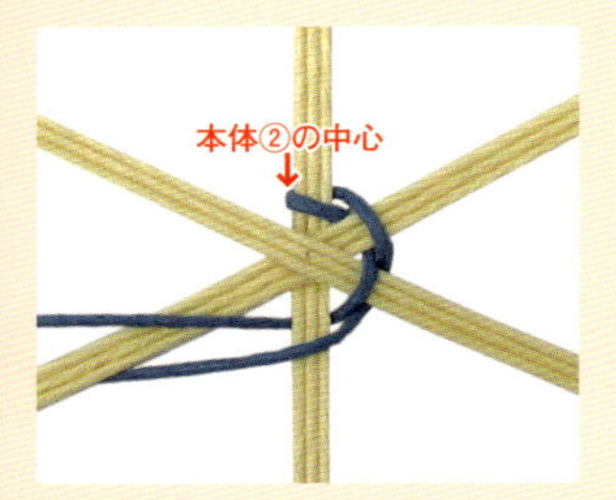

17 本体②の中心を掛け、追いかけ編みで編む。

※写真は紐の色を変えています。

※追いかけ編み：P100 参照

18 本体①を立ち上げ、少しずつ広げて編む。

19 少しずつ広げながら編み進める。

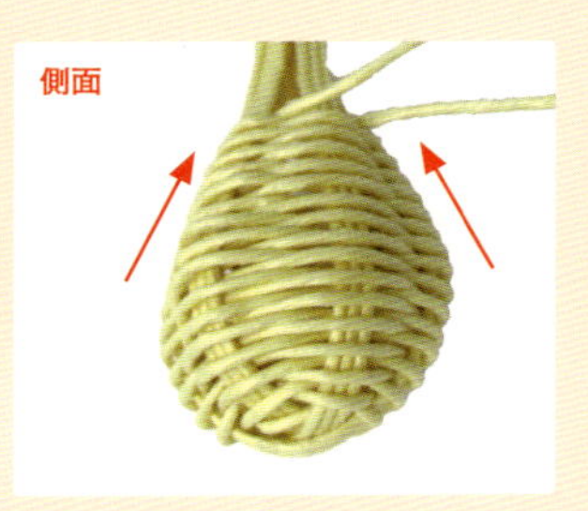

20 19の高さまで編み、上へ向かってすぼめながら編む。

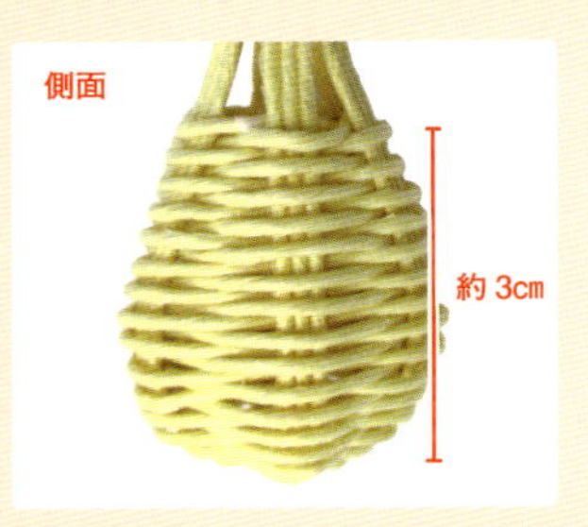

21 約３cmの高さに編み、編み終わりの紐は余分をカットし、内側にボンドで固定する。

22 上下を反転し、本体①を束ねてボンドで固定する。

23 斜めにカットする。

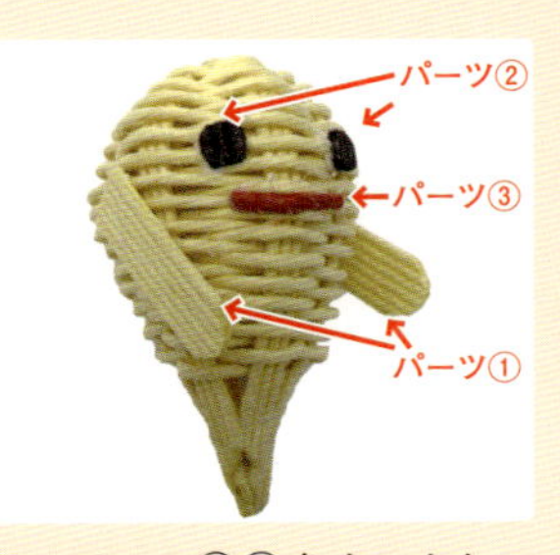

24 パーツ①②をカットし、パーツ①②③を写真のように貼る（おばけの完成）。

25 内側の直径を約 7mm開け、かぼちゃ①にボンドを付けながら巻く。

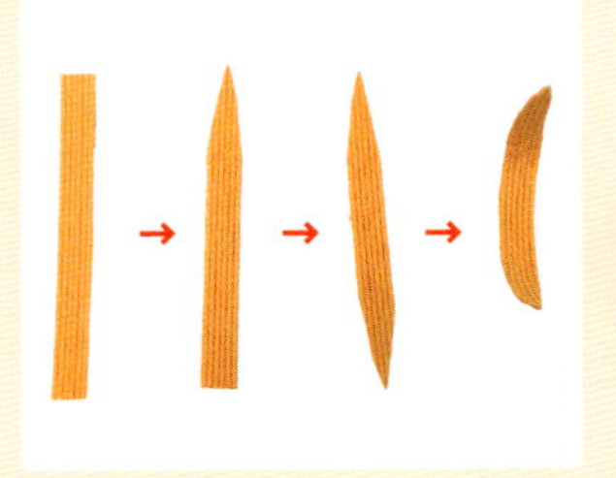

26 かぼちゃ②は全て先端を写真のようにカットし、丸くクセを付ける。

27 26の先端にボンドを付け、25の内側に固定する。

28 等間隔で全ての 26 を同様に貼る。

29 上下を反転し、先端にボンドを付け、内側に固定する。

30 全てのかぼちゃ②を同様に貼る。

31 かぼちゃ③は薄くボンドを付ける。

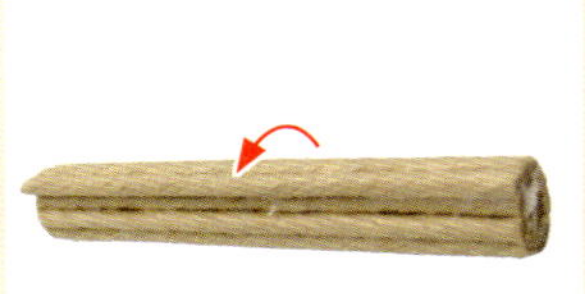

32 31 を丸めて固定する。

33 かぼちゃ④を棒状のもので巻いて丸くクセを付ける。

34 30 の中心にボンドを付けた 32 と 33 を差し込み、固定する（かぼちゃの完成）。

35 こうもり①の中心で四つだたみ編みを 1 コマ編む（基本編み）。

36 下と右の余分をカットし、上と左は 1cm残してカットする。

37 裏返し、1cmを折る。

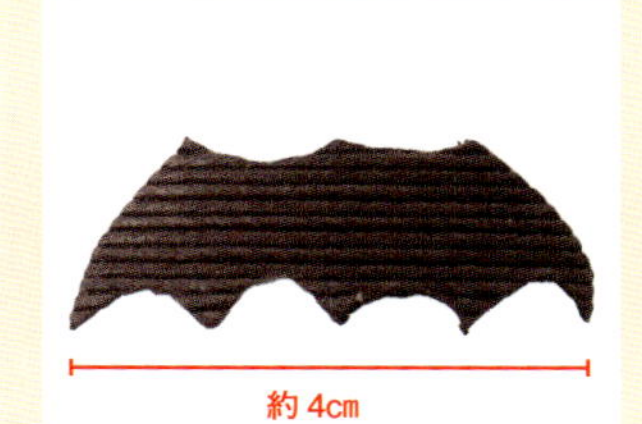

38 こうもり②を写真のようにカットする。

39 37 にボンドを付け、38 を挟むように貼る。

40 表に返し、こうもりの完成。

お好みの位置におばけとかぼちゃとこうもりをボンドで固定し、完成！

冬のスノーリース

材料と寸法

リースⒶ／エムズブルー…………500cm×1本(6本幅)
リースⒷ／ローズピンク…………500cm×1本(6本幅)
リースⒸ／ビタミンオレンジ……500cm×1本(6本幅)
かがり紐／ピスタチオ……………100cm×1本(3本幅)
リボン①／エムズブルー…………16cm×1本(12本幅)
リボン②／エムズブルー…………5cm×1本(12本幅)
リボン③／エムズブルー…………7cm×2本(12本幅)

※かがり紐にラメバンドを使用する場合は4本幅になります。
※ラメバンドは割けやすいので扱いに注意してください。

必要な長さ

エムズブルー…………535cm
ローズピンク…………500cm
ビタミンオレンジ……500cm
ピスタチオ……………100cm

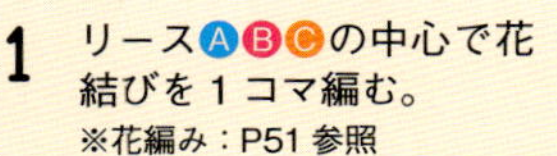

1 リースⒶⒷⒸの中心で花結びを1コマ編む。
※花編み：P51参照

2 裏返す。

3 Ⓐを同色の右側に倒す。

4 Ⓑを同色の右側に倒す。

5 Ⓒを同色の右側に倒す。

6 Ⓐの同色をⒶと平行に倒す。

7 Ⓑの同色をⒶの下に通す。

8 Ⓒの同色をⒶⒷの下に通す。

9 側面から見たところ。

10 3～8を繰り返し、柄を10回出す。

11 ❶を写真のように差し込む。

12 ❷を写真のように差し込む。

13 ❸を写真のように差し込む。

14 ❶を写真のように差し込む。

15 ❷を写真のように差し込む。

16 ❸を写真のように差し込む。

17 14～16の紐を浮かせて内側にボンドを付け、引き締める。

18 矢印の紐を1本残し、余分をカットする。

19 残した紐はお好みの長さにして先端にボンドを付け、差し込み、固定する。

20 かがり紐の先端をマスキングテープで留める。

21 写真のように巻き、巻き終わりは余分をカットし、巻き始めと重ねて貼り合わせる。

22 リボン①を輪にしてボンドで貼る。

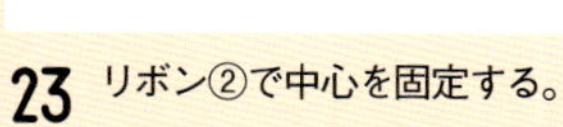

23 リボン②で中心を固定する。

24 リボン③を写真のようにカットして貼る。

Finish!

24をボンドで固定し、完成！

chapter 3

××××××××××××××××××××××××××××××

バッグ

おでかけやお買い物が楽しくなる、毎日使いたいバッグの数々です。
フォルムやカラー、風合いの違いで、さまざまなイメージを演出できます。
容量もたっぷりで便利なものばかりなので、お好みに合わせてチョイスしてみてください。

お買い物はもちろん
雑誌などの収納にも◎！

A

お買い物バッグ

使用したクラフトバンド（★★）/ design 南いく子

A | モカチョコ

A

お買い物バッグ

材料と寸法

横紐①／モカチョコ……… 80cm×5本(12本幅)
横紐②／モカチョコ……… 30cm×4本(12本幅)
始末紐／モカチョコ……… 13.5cm×2本(12本幅)
縦紐／モカチョコ……… 65cm×11本(12本幅)
補強紐／モカチョコ……… 30cm×2本(12本幅)
編み紐①／モカチョコ……… 90cm×7本(12本幅)
編み紐②／モカチョコ……… 90cm×21本(4本幅)
縁紐①／モカチョコ……… 90cm×1本(10本幅)
縁紐②／モカチョコ……… 90cm×1本(12本幅)
持ち手紐①／モカチョコ……… 40cm×2本(12本幅)
持ち手紐②／モカチョコ……… 30cm×2本(12本幅)
持ち手紐③／モカチョコ……… 52cm×2本(12本幅)
持ち手巻き紐／モカチョコ… 530cm×2本(2本幅)
持ち手飾り紐／モカチョコ…… 35cm×2本(6本幅)

必要な長さ

モカチョコ……… 3666cm

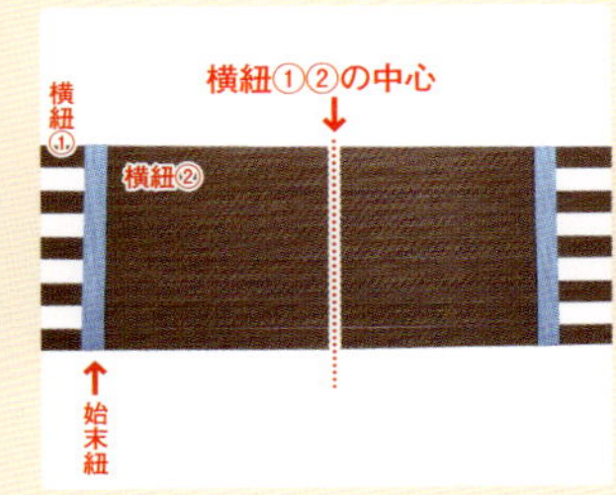

1 横紐①②を交互に並べ、中心を合わせる。始末紐を両端に貼る。
※写真は紐の色を変えています。

2 裏返し、縦紐2本の中心を合わせ、始末紐の裏側に貼る。

3 表に返し、残りの縦紐を交互に差し込む。縦紐の間隔を均等にする。

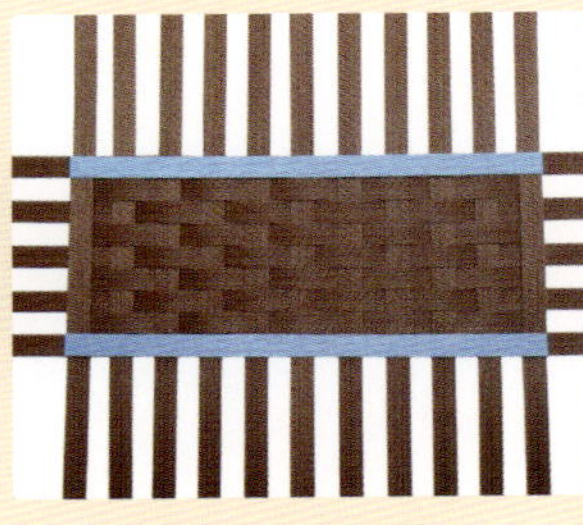

4 補強紐を上下に貼る。
※写真は紐の色を変えています。

5 立ち上げる。

6 左から2本目の縦紐の裏側に編み紐①を洗濯バサミで留め、右方向へ交互に編む。

※写真は紐の色を変えています。

7 角は少し折り目を付けて1周編み、編み終わりはのりしろの左端に印を付け、右端からはみ出る部分をカットする。

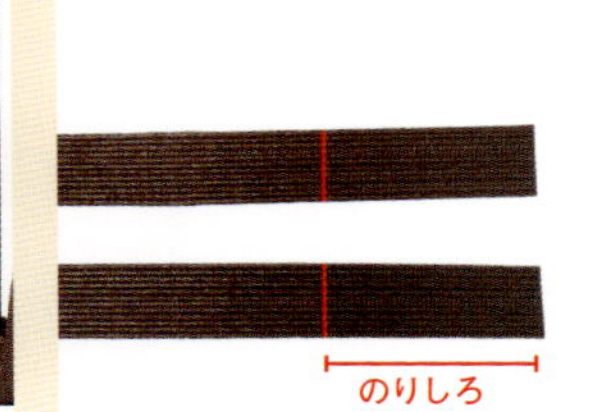

8 7の編み紐①を一度外し、全ての編み紐①②を同じ長さに揃えてカットし、同じ位置に印を付ける。

9 のりしろにボンドを付けて輪にする。

10 全ての編み紐①②を同様にする。

11 編み紐①を交互に編み、つなぎ目を縦紐の内側に隠す。

12 編み紐②で3段編む(計4段)。

13 11～12を繰り返し、計28段編み、隙間を詰める。

14 最上段の編み紐②の上部に合わせて縁紐①を内側に貼る。
※写真は紐の色を変えています。

15 両端から3本目の縦紐を残し、全ての紐を内側に折る。

16 折った紐を1㎝にカットする。

17 ボンドで内側に固定する。

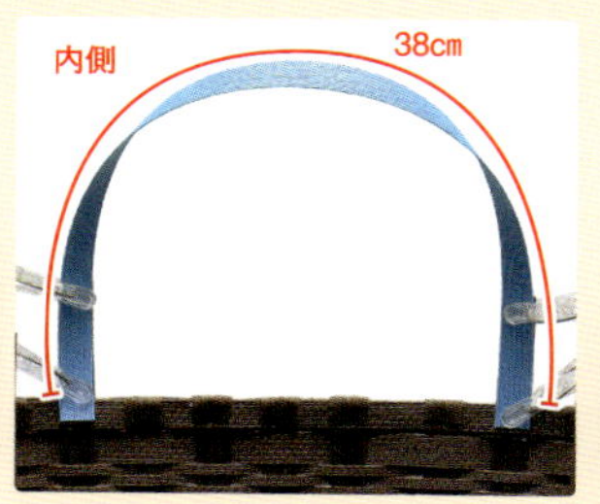

18 残した縦紐と最上段にボンドを付け、持ち手紐①を内側に貼る。
※写真は紐の色を変えています。

19 持ち手紐②を外側から突き合わせに貼る。

20 上から8段目（★）まで持ち手紐③を差し込み、ボンドを付けながら貼る。

21 持ち手紐③を貼ったところ。

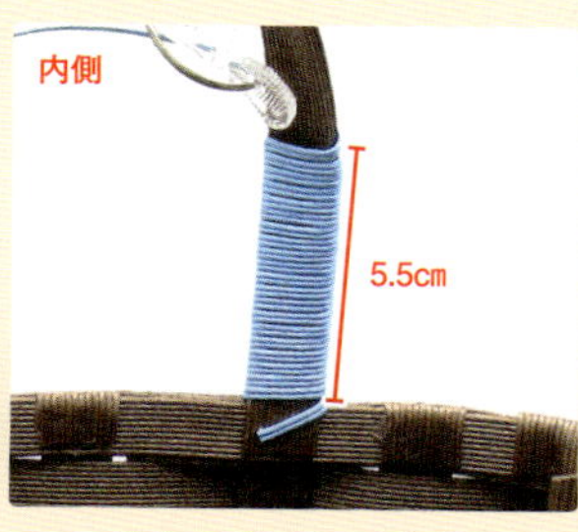

22 持ち手巻き紐の先端にボンドを付けて内側に固定し、5.5㎝隙間無く巻く。

23 持ち手飾り紐を3㎝差し込む。

24 持ち手飾り紐を手前に倒し、3周する。

25 持ち手飾り紐を戻して3周、手前に倒して模様を作る。

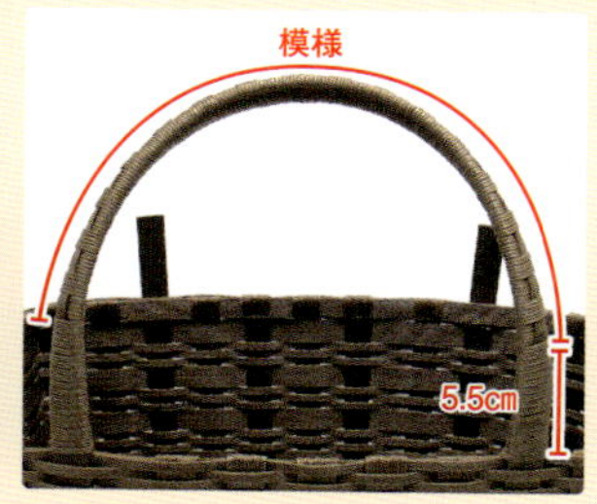

26 24～25を繰り返す。巻き終わりは5.5㎝巻く。余分をカットし、内側にボンドで固定する。

27 縁紐②を内側に貼る。
※写真は紐の色を変えています。

Finish!

完成！

和モダンなラインが印象的

A

ダブルラインのバッグ

使用したクラフトバンド（★★★・ダブル）

A | ライトチョコ
×
バニラクリーム＆モカ（ダブル）

B | パステルまろん
×
ハーブライン（ダブル）

B

ダブルラインのバッグ

材料と寸法

横紐①／パステルまろん……28cm×4本(12本幅)
横紐②／パステルまろん……76cm×3本(12本幅)
始末紐／パステルまろん……11cm×2本(12本幅)
縦紐①／パステルまろん……59cm×7本(12本幅)
縦紐②／パステルまろん……69cm×2本(12本幅)
ダブル紐／ハーブライン……50cm×3本(24本幅)
補強紐／パステルまろん……28cm×2本(12本幅)
編み紐①／パステルまろん…84cm×9本(12本幅)
編み紐②／パステルまろん……84cm×6本(6本幅)
持ち手紐／パステルまろん…130cm×2本(10本幅)
持ち手巻き紐／パステルまろん….420cm×2本(2本幅)
持ち手補強紐／パステルまろん…5cm×4本(12本幅)
縁紐／パステルまろん…………84cm×2本(12本幅)

必要な長さ

パステルまろん…………2845cm
ハーブライン……………………150cm

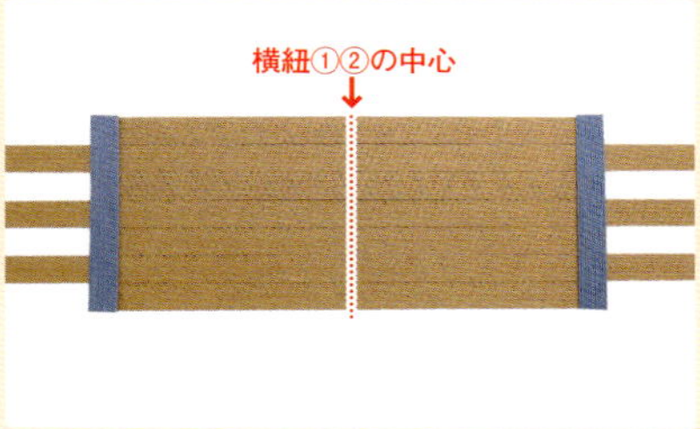

1 横紐①②を交互に並べ、中心を合わせる。始末紐を両端に貼る。
※写真は紐の色を変えています。

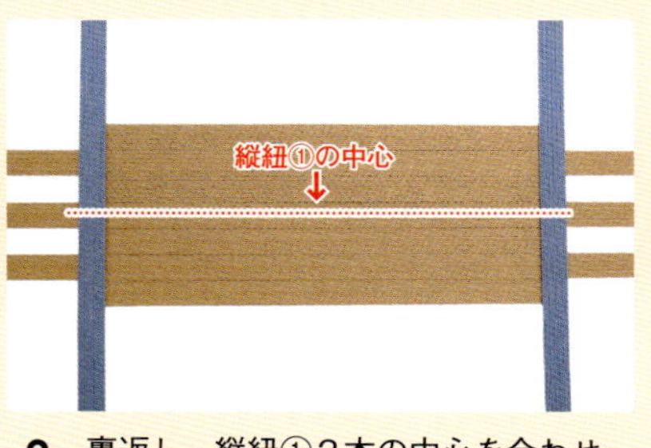

2 裏返し、縦紐①２本の中心を合わせ、始末紐の裏側に貼る。

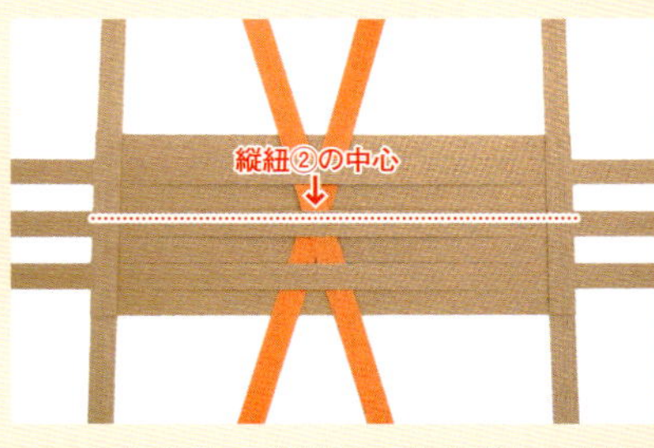

3 表に返し、縦紐②２本を重ねて交互に差し込み、左右に開く。

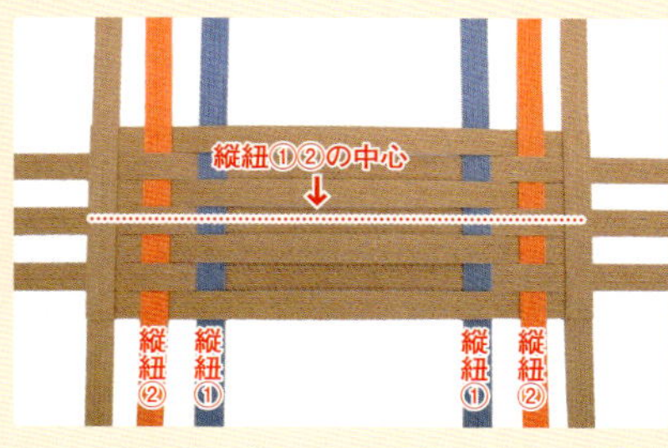

4 縦紐①２本を交互に差し込み、左右に開く。

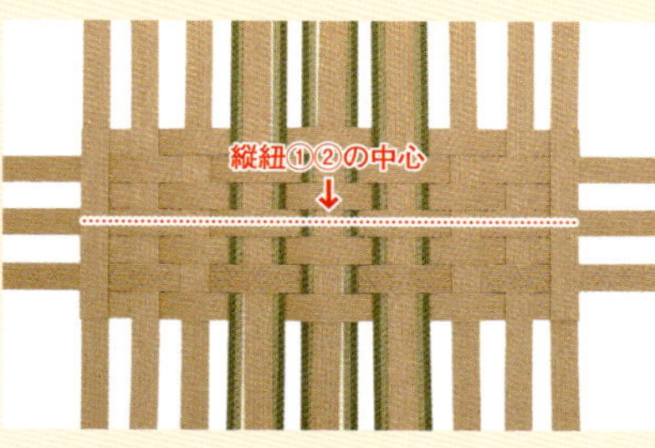

5 残りの縦紐①を交互に差し込む。ダブル紐を中央３本の縦紐①の下から差し込む。間隔を均等にする。

6 補強紐を上下に貼る。
※写真は紐の色を変えています。

7 ダブル紐以外を立ち上げる。

8 左から２本目の縦紐②の裏側に編み紐①を洗濯バサミで留め、右方向へ交互に編む。

9 角は少し折り目を付けて１周編み、編み終わりは余分をカットしてボンドを付け、内側に固定する。

10 編み紐①で井桁に組み、2段目を編む。

11 編み紐②で3・4段目を編む。

12 8～11を2回繰り返す（計12段）。編み紐①で13・14・15段目を編む。隙間を詰める。

13 両端から2本目の縦紐②を残し、最上段を包むように、紐を前後に折る。

14 折った紐は余分をカットし、下段に差し込む。

15 ダブル紐を写真のように差し込む。余分をカットし、先端約1cmにボンドを付け、最上段に貼る。背面も同様にする。

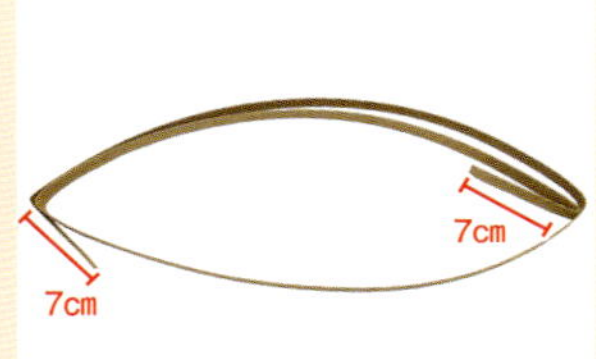

16 持ち手紐の両端を7cm残し、三つ折りにする。

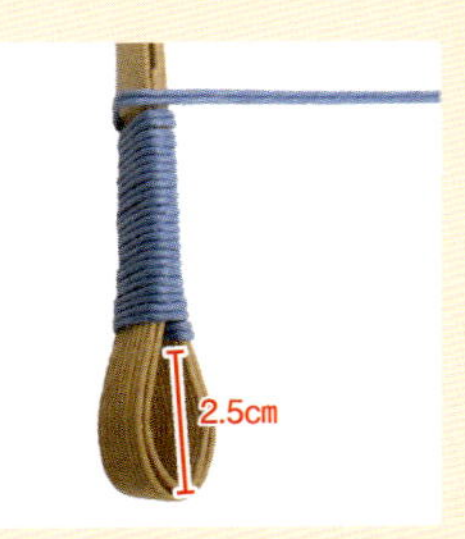

17 持ち手紐2.5cmの内側に持ち手巻き紐の先端をボンドで固定し、隙間無く巻く。
※写真は紐の色を変えています。

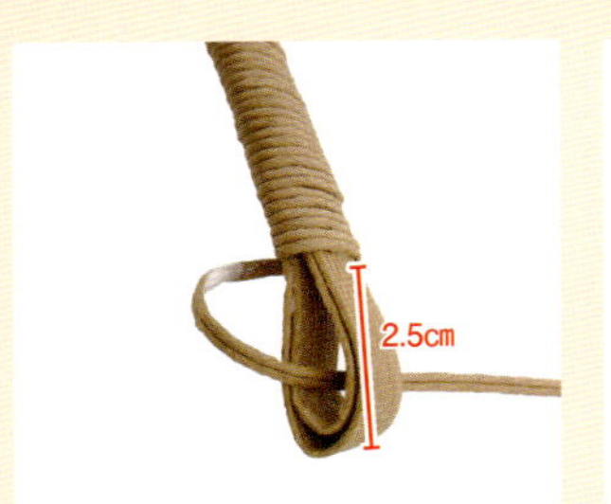

18 カーブさせながら反対側まで巻き、巻き終わりは内側にボンドを付けて固定し、余分をカットする。

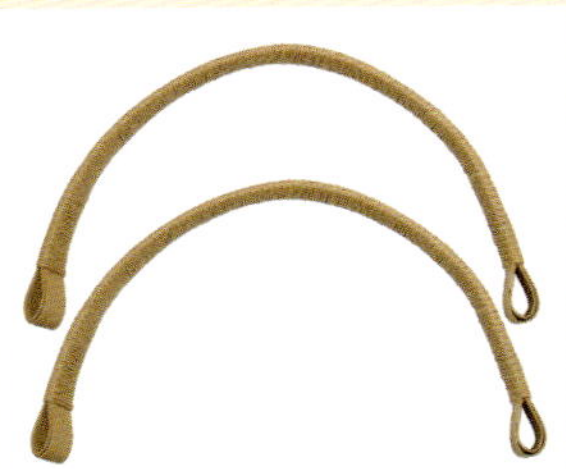

19 同様に計2本作る。

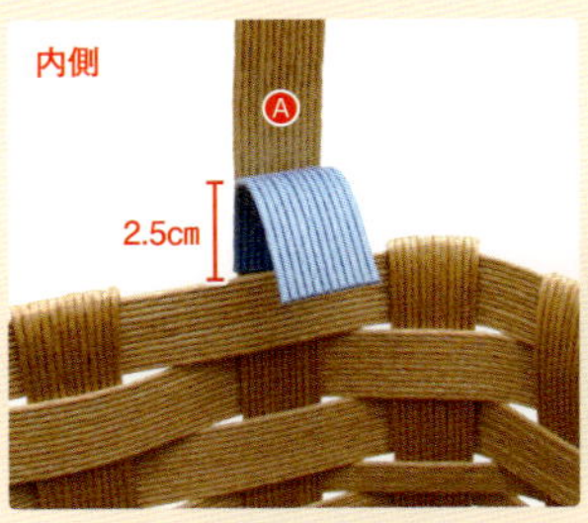

20 13で残した縦紐②（A）の内側に持ち手補強紐を2.5cm貼る。
※写真は紐の色を変えています。

21 19を通し、Aの内側にボンドを付け、丸めながら、下段に差し込む。

22 洗濯バサミで留めてしっかり固定する。

23 計4か所同様にする。

24 内側と外側に縁紐を貼る。

完成！

小ぶりで丸みのある
フォルムがたまらない

A

お出かけバッグ

使用したクラフトバンド（★★）/ design 丹野安祐子

16cm
9.5cm
30cm
15cm

B

A | ストロベリー　　B | パステルクッキー

お出かけバッグ

材料と寸法

横紐①／パステルクッキー… 18cm×4本(8本幅)
横紐②／パステルクッキー… 70cm×3本(6本幅)
始末紐／パステルクッキー…… 6cm×2本(6本幅)
縦紐／パステルクッキー…… 58cm×9本(6本幅)
補強紐／パステルクッキー… 18cm×2本(8本幅)
底編み紐／パステルクッキー… 300cm×2本(2本幅)
差し紐／パステルクッキー… 28cm×8本(6本幅)
編み紐①／パステルクッキー… 770cm×4本(3本幅)
編み紐②／パステルクッキー… 80cm×1本(12本幅)
持ち手紐／パステルクッキー… 95cm×2本(10本幅)
持ち手巻き紐／パステルクッキー… 310cm×2本(2本幅)
縁紐／パステルクッキー……… 82cm×2本(12本幅)

必要な長さ

パステルクッキー……… 2470cm

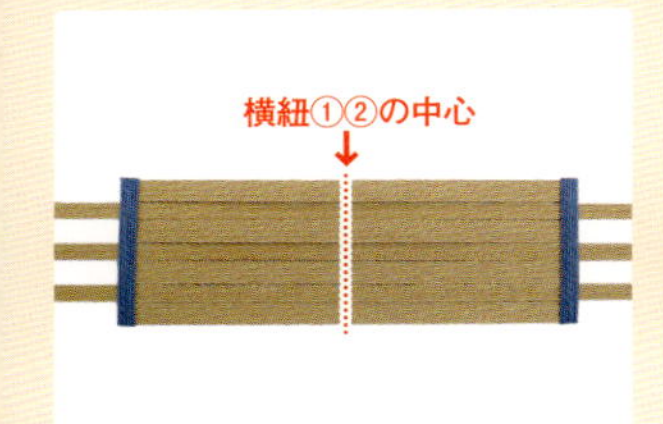

1 横紐①②を交互に並べ、中心を合わせる。始末紐を両端に貼る。
※写真は紐の色を変えています。

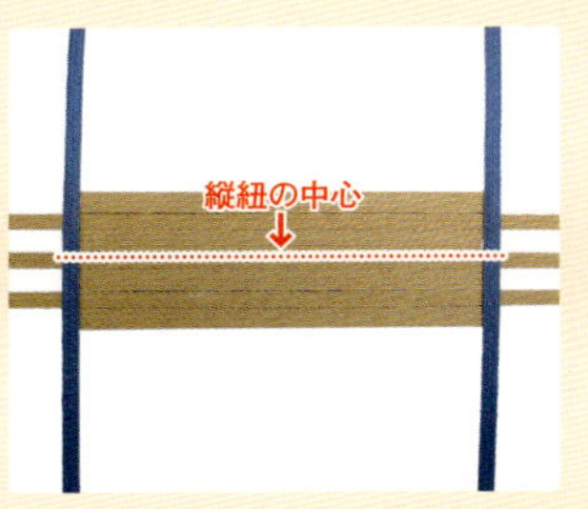

2 裏返し、縦紐2本の中心を合わせ、始末紐の裏側に貼る。

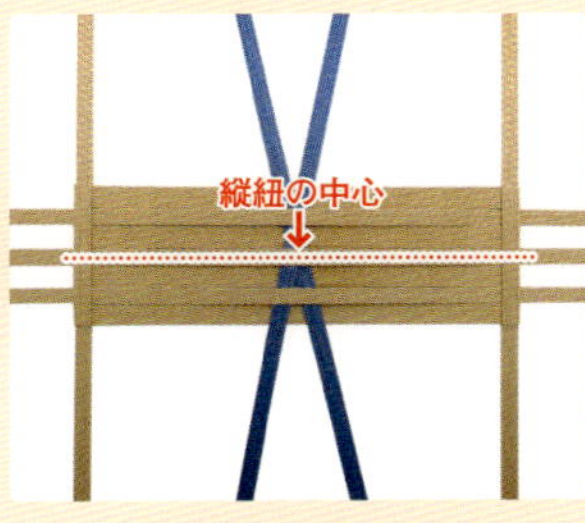

3 表に返し、縦紐2本を重ねて交互に差し込む。

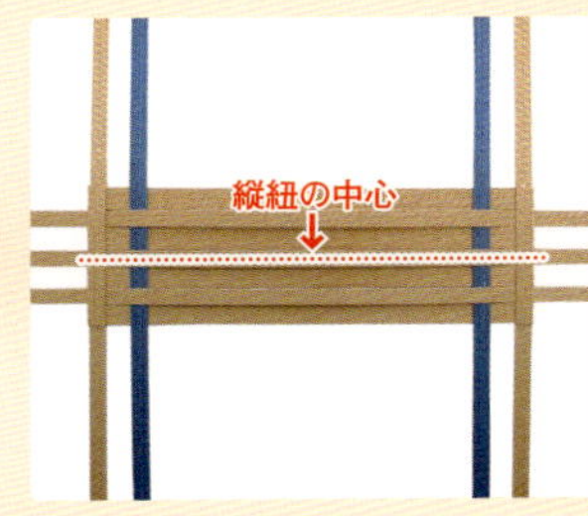

4 左右に開く。

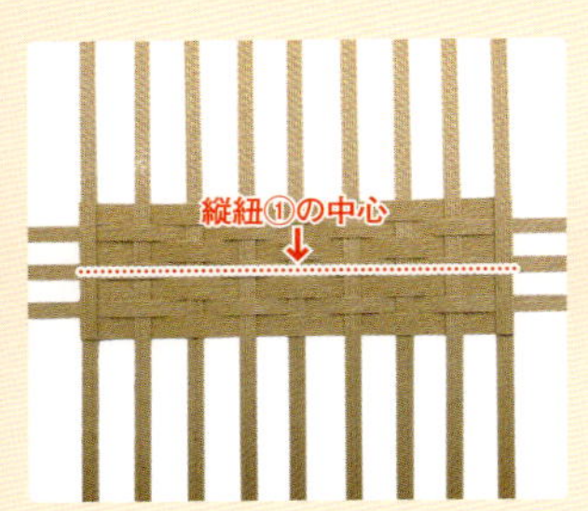

5 残りの縦紐を交互に差し込む。縦紐の間隔を均等にする。

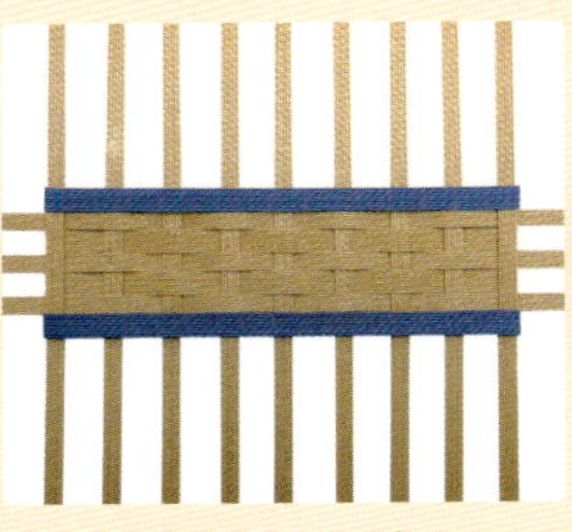

6 補強紐を上下に貼る。
※写真は紐の色を変えています。

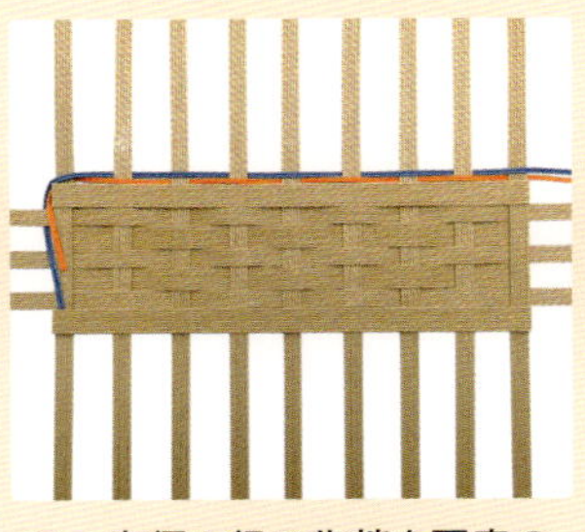

7 底編み紐の先端を写真の位置にボンドで固定し、追いかけ編みで編む。
※追いかけ編み：P100 参照

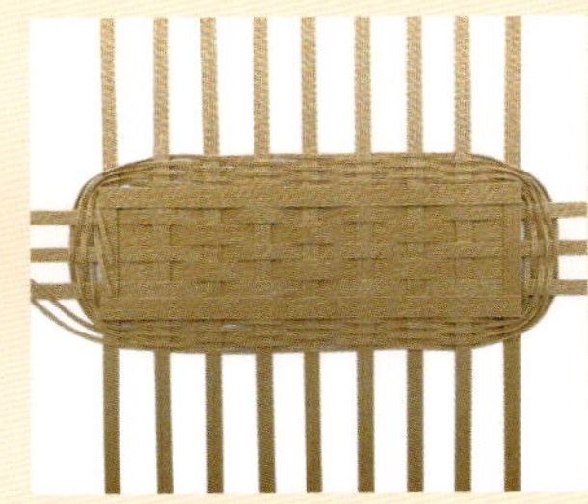

8 3周編む（6段）。

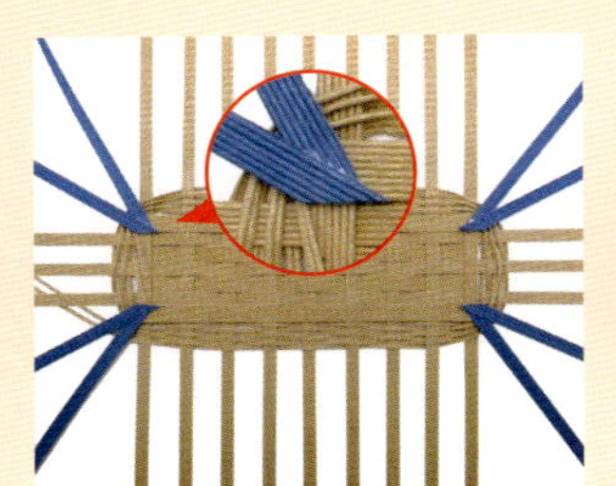

9 差し紐の先端を写真のようにカットして貼る。
※写真は紐の色を変えています。

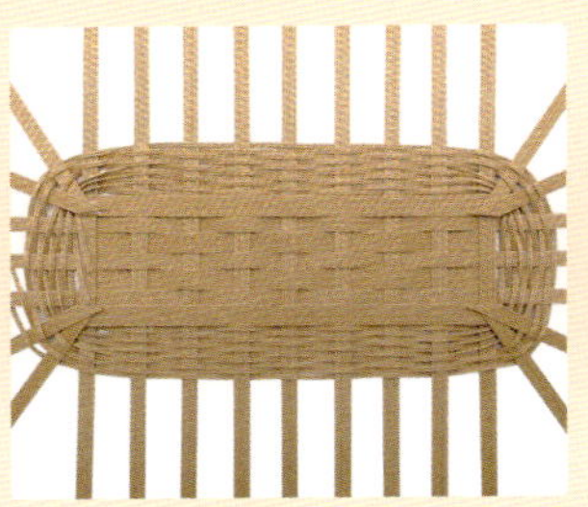

10 底編み紐で更に2周（4段）編む。

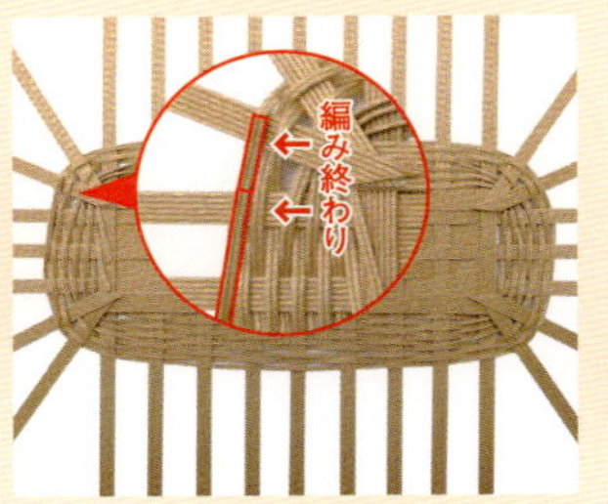

11 編み終わりは余分をカットし、ボンドで固定する。

12 なだらかなカーブを付けて立ち上げる。

13 側面内側、編み紐①２本の先端にボンドを付け、写真のように固定する。
※写真は紐の色を変えています。

14 追いかけ編みで１周（２段）したところ。

15 丸みを付けながら10周（20段）編む。途中で紐が無くなったら、内側で編み紐①をつなぐ。

16 すぼまらないように、真っ直ぐ立ち上げながら更に10周（20段）編む。

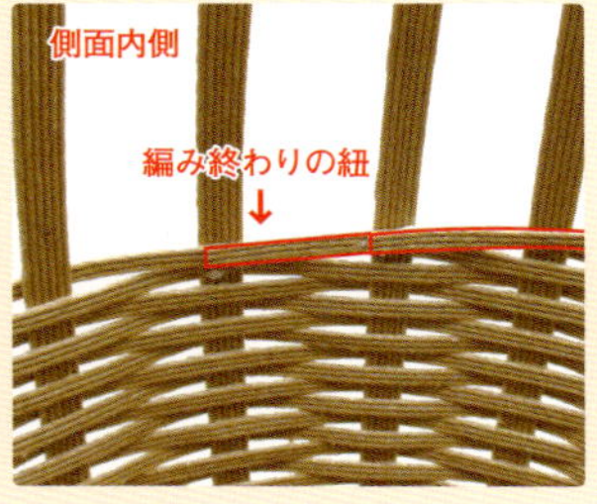

17 編み終わりは余分をカットし、ボンドで固定する。

18 編み紐②を内側に洗濯バサミで留め、交互に編む。

19 １周し、編み終わりの余分をカットし、ボンドを付け、内側に固定する。

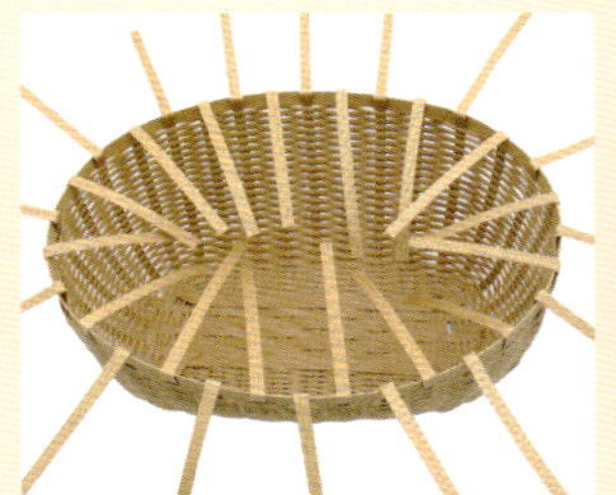

20 隙間を詰め、最上段を包むように、紐を前後に折る。

21 折った紐は全て余分をカットし、下段に差し込む。

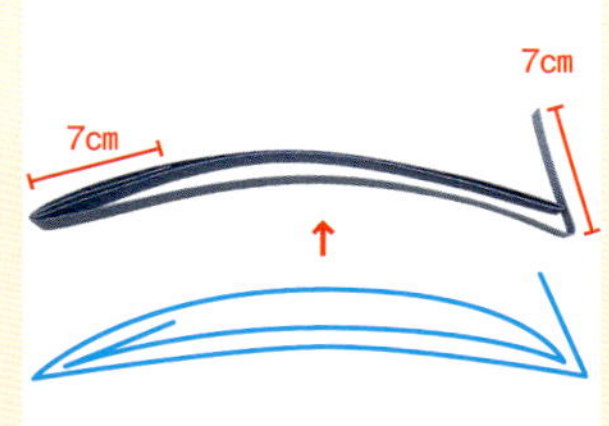

22 持ち手紐の両端を７㎝折って三つ折りにする。
※写真は紐の色を変えています。

23 写真のように持ち手紐を外側から通し、折り目を合わせる（持ち手の向きに注意）。

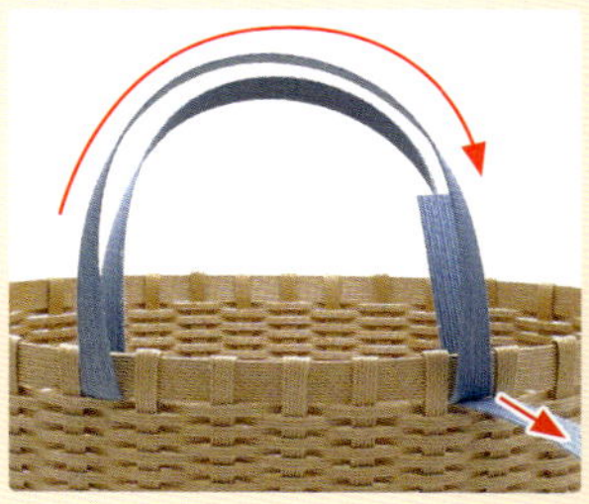

24 持ち手紐を内側から通し、折り目を合わせる。

25 持ち手紐を外側から通し、折り目を合わせ、重ねて洗濯バサミで留める（３重の持ち手）。

26 持ち手巻き紐の先端にボンドを付け、持ち手紐の根元に差し込み、固定する。

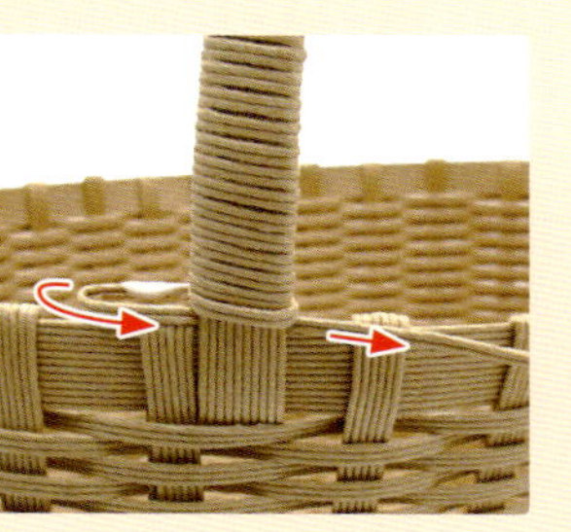

27 隙間無く巻く。巻き終わりは内側にボンドを付け、根元の間に差し込む。引き締めて固定し、余分をカットする。

反対側の持ち手も同様にし、縁紐を外側と内側に貼り、完成！

さわやかなコントラストが
普段使いにぴったり

A

ツートンバッグ

使用したクラフトバンド（★★）

A パステルばにらあいす
×
リッチココア
×
【ステッチ】弥生

B ビスケット
×
リッチココア
×
【ステッチ】弥生

B

ツートンバッグ

材料と寸法

横紐①／ビスケット……25cm×6本（12本幅）
横紐②／ビスケット……72cm×5本（8本幅）
始末紐／ビスケット……13.5cm×2本（8本幅）
縦紐／ビスケット……61cm×11本（8本幅）
補強紐／ビスケット……25cm×2本（12本幅）
編み紐①／リッチココア……82cm×6本（6本幅）
編み紐②／ビスケット……520cm×4本（4本幅）
編み紐③／ビスケット……300cm×3本（2本幅）
持ち手紐／【ステッチ】弥生（やよい）……76cm×4本（12本幅）
持ち手巻き紐／リッチココア……150cm×2本（2本幅）
ボタン紐／リッチココア……35cm×3本（4本幅）
ボタン留め紐／リッチココア……20cm×1本（2本幅）
ボタン掛け紐／リッチココア……40cm×1本（3本幅）
差し紐／リッチココア……6cm×18本（9本幅）
内縁紐／ビスケット……82cm×1本（12本幅）

必要な長さ

ビスケット……2488cm
リッチココア……491cm
【ステッチ】弥生……304cm

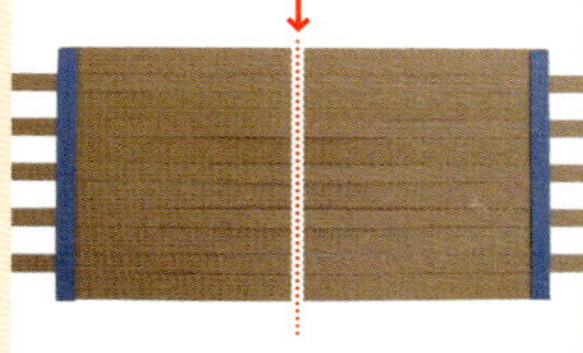

1 横紐①②を交互に並べ、中心を合わせる。始末紐を両端に貼る。
※写真は紐の色を変えています。

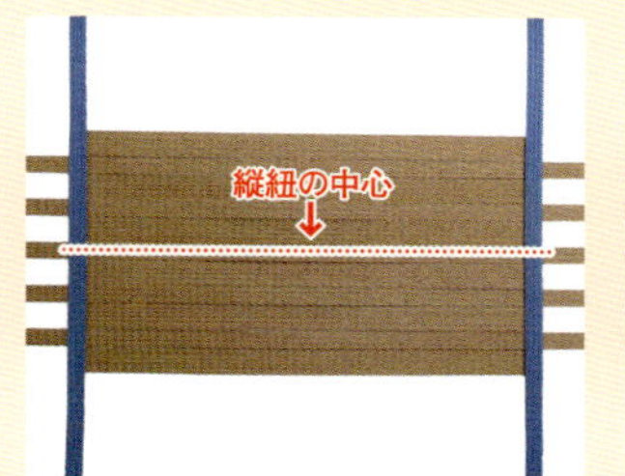

2 裏返し、縦紐２本の中心を合わせ、始末紐の裏側に貼る。

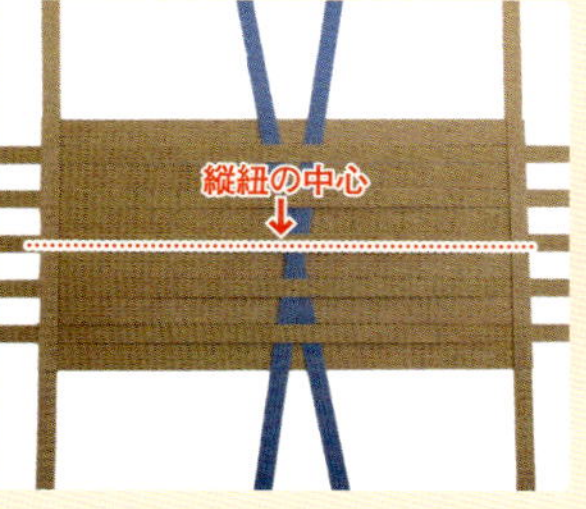

3 表に返し、縦紐２本を重ねて交互に差し込み、左右に開く。

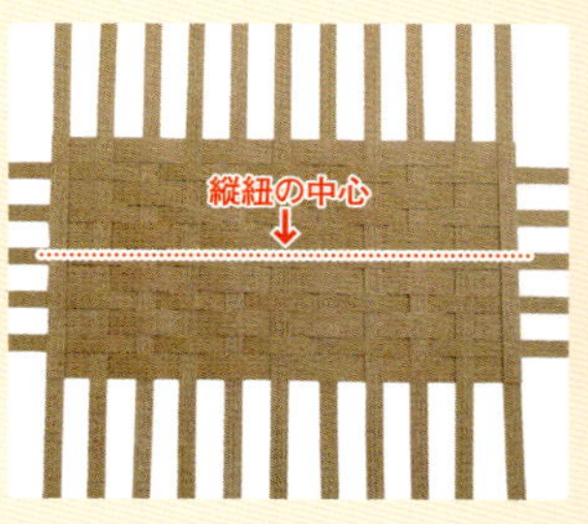

4 残りの縦紐を交互に差し込む。縦紐の間隔を均等にする。

5 補強紐を上下に貼る。
※写真は紐の色を変えています。

6 立ち上げる。左から２本目の縦紐の裏側に編み紐①を洗濯バサミで留め、右方向へ交互に編む。

7 角は少し折り目を付けて１周編み、編み終わりは余分をカットしてボンドを付け、内側に固定する。

8 編み紐①で井桁に組み、同様に５段編む（計６段）。

9 側面内側、写真のように編み紐②の先端をボンドで固定する。

10 追いかけ編みで編む。
※追いかけ編み：P100 参照

11 すぼまらないように、追いかけ編みで編み進める。

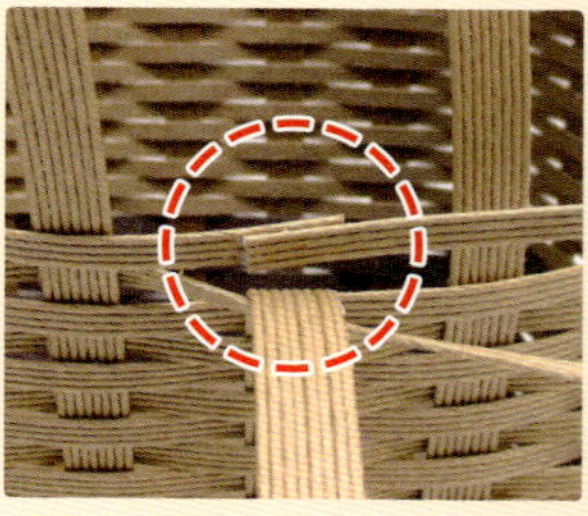

12 編み紐②が足り無くなったら、つなぎ目が内側に隠れるように、次の編み紐②とボンドで固定してつなぐ。

13 追いかけ編みで13周(26段)編み、隙間を詰める。

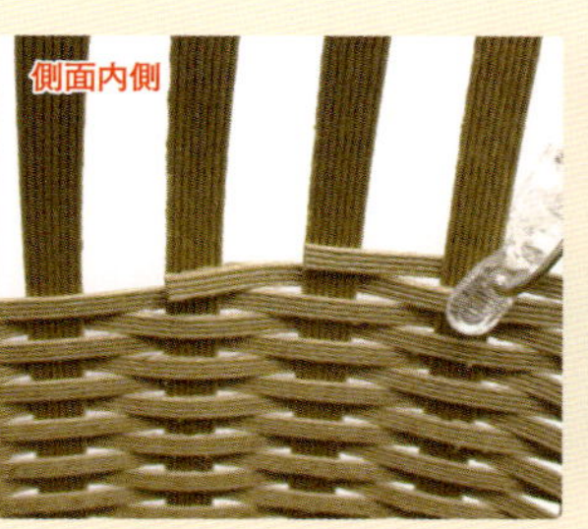

14 側面内側、写真のようにカットし、ボンドで固定する。

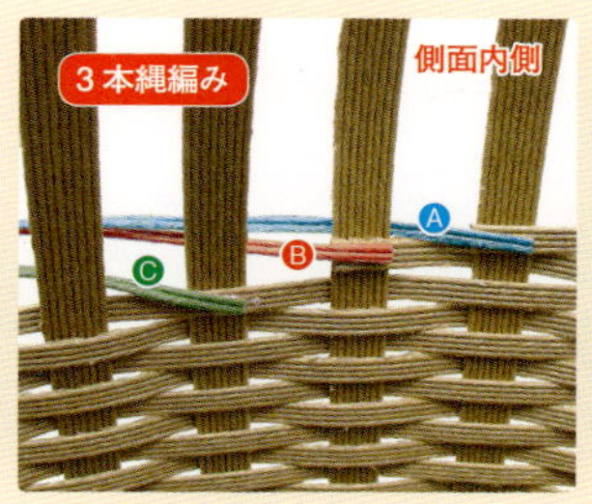

15 編み紐③を写真のようにボンドで固定する。
※写真は紐の色を変えています。

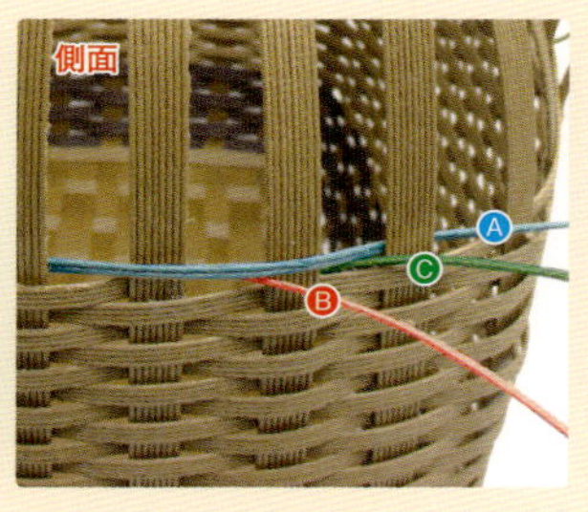

16 Ⓐを3本先の紐に掛ける。

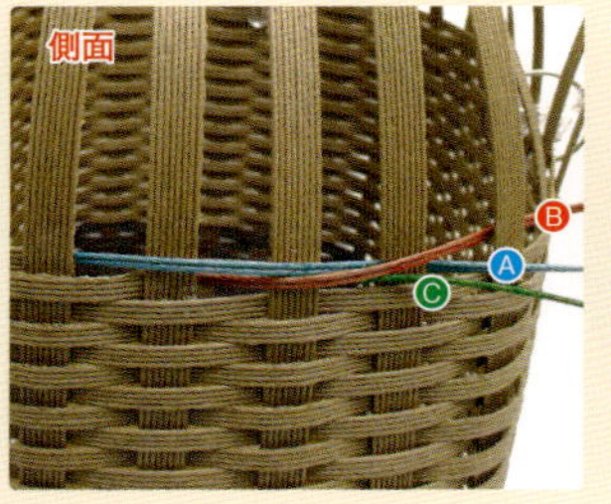

17 Ⓑを3本先の紐に掛ける。

18 Ⓒを3本先の紐に掛ける。

19 ⒶⒷⒸの順で同様に繰り返し、3周編む。

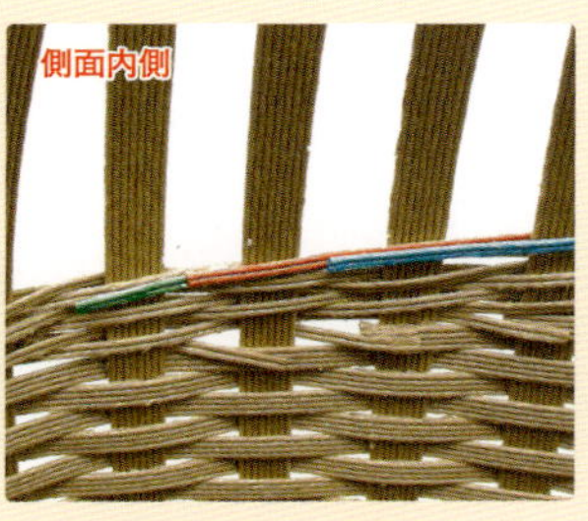

20 編み終わりは写真のように余分をカットし、側面内側にボンドで固定する。
※写真は紐の色を変えています。

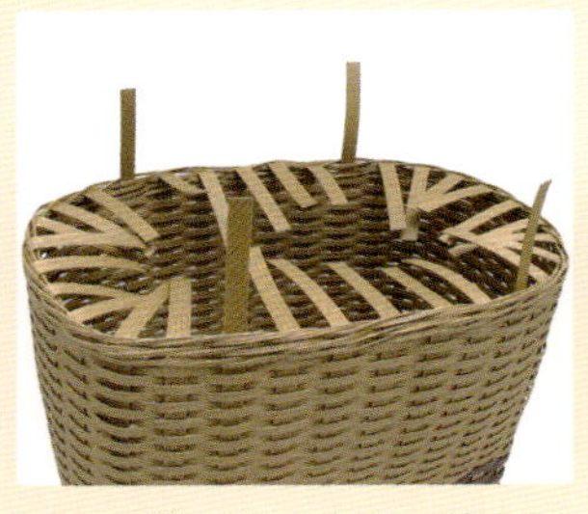

21 両端から3本目の縦紐を残し、紐を内側に折る。

22 折った紐は余分をカットし、下段に差し込む。

23 持ち手紐を下から差し込む。

24 編み紐②部分はお好みの位置に差し込み、反対側も同様に差し込む。編み紐①部分は23と同様に差し込み、余分はカットする。

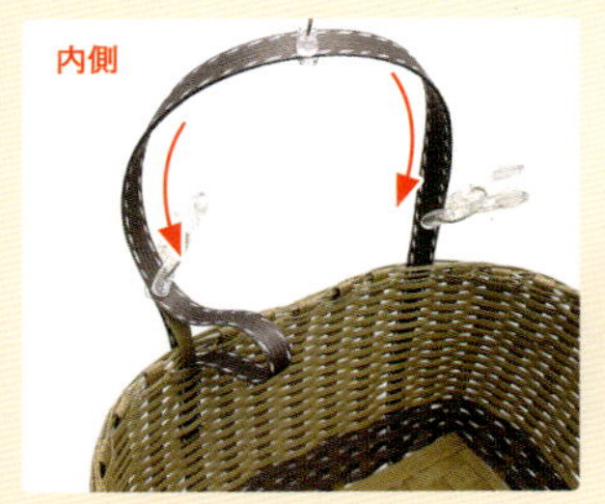

25 内側から持ち手紐を一番下まで差し込み、余分をカットする。

26 内側の持ち手紐にボンドを付け、外側の持ち手を貼り合わせる。

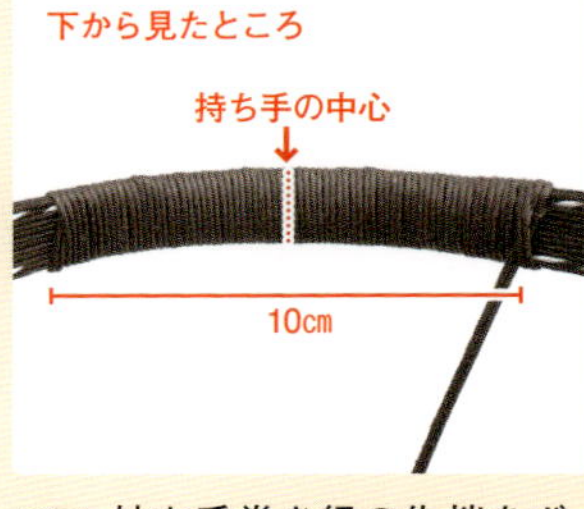

27 持ち手巻き紐の先端をボンドで固定し、巻く。巻き終わりは余分をカットし、ボンドで固定する。

28 反対側の持ち手も同様にする。

29 ボタン紐３本で花結びを編む。
※花結び：P51 参照

30 29 を裏返す。写真のように折る。

31 右隣の紐を写真のように折る。

32 時計回りに紐を折る。

33 最後の紐は最初に折った紐に差し込む。

34 引き締める。

35 表に返し、紐を写真のように折る。

36 左隣の紐を写真のように折る。

37 反時計回りに紐を折る。

38 最後の紐は最初に折った紐に差し込み、引き締める。

39 30～38 をもう一度繰り返す。余分をカットし、外れないようにそれぞれの先端をボンドで固定する。

40 裏返し、ボタン留め紐を通し、中心で結ぶ。※写真は紐の色を変えています。

41 編み紐②の上から５段目中央に写真のように差し込む。

42 紐の内側にボンドを付け、固結びにして余分をカットする。

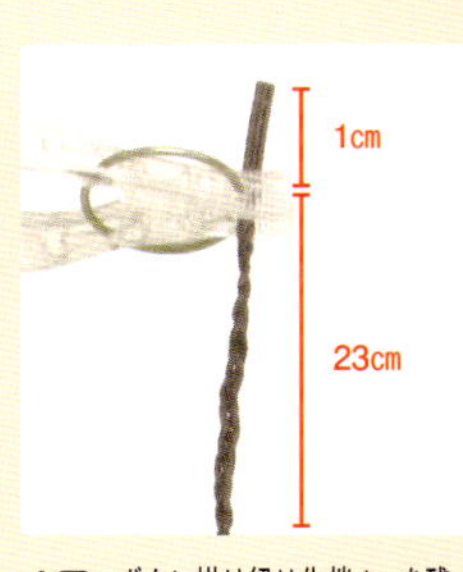

43 ボタン掛け紐は先端 1cm を残し、1 本幅に割く。23cm 三つ編みを編む。編み終わりはボンドで固定し、余分をカットする。

44 43 の先端にボンドを付け、背面中央の縦紐に差し込み、固定する。

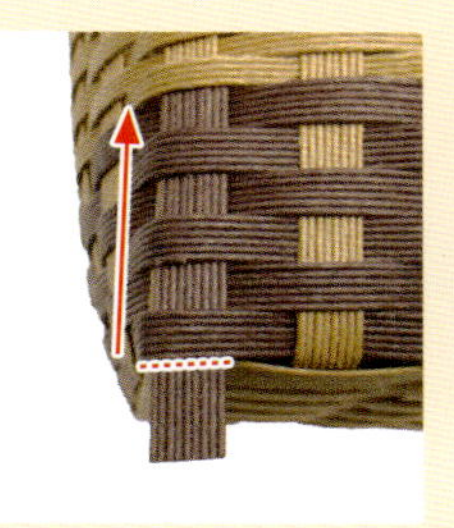

45 差し紐にボンドを付け、下から差し込み、余分をカットする。

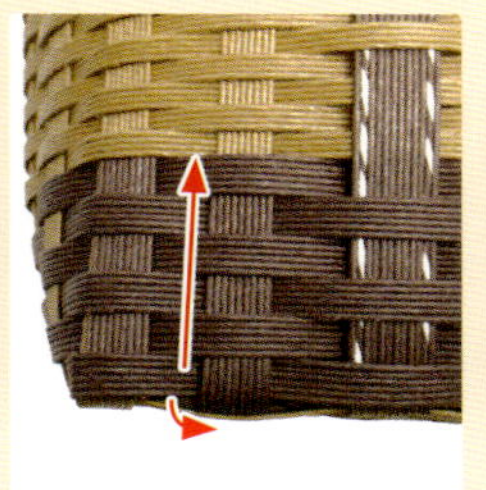

46 ２本目も同様にボンドを付けて差し込み、余分は底に差し込む。

47 同様に差し込んだところ。反対側も同様に差し込む（側面は差し込まない）。

Finish!

内側に内縁紐を貼る。
完成！

ステッチ模様がポイント
使い勝手も抜群

A

クロスステッチバッグ

使用したクラフトバンド（★★）/ design hanana

A パステルグレー × サファイア × ルージュレッド

B パステルクッキー × モカチョコ × ストロベリー

B

クロスステッチバッグ

材料と寸法

横紐／パステルクッキー……242cm×9本(4本幅)
縦紐／パステルクッキー……182cm×24本(4本幅)
編み紐／パステルクッキー……275cm×17本(4本幅)
ステッチ①／モカチョコ……50cm×2本(2本幅)
ステッチ②／ストロベリー……40cm×2本(2本幅)
ステッチ③／モカチョコ……25cm×2本(2本幅)
持ち手紐／モカチョコ……390cm×4本(3本幅)

必要な長さ

パステルクッキー……3832cm
モカチョコ……465cm
ストロベリー……40cm

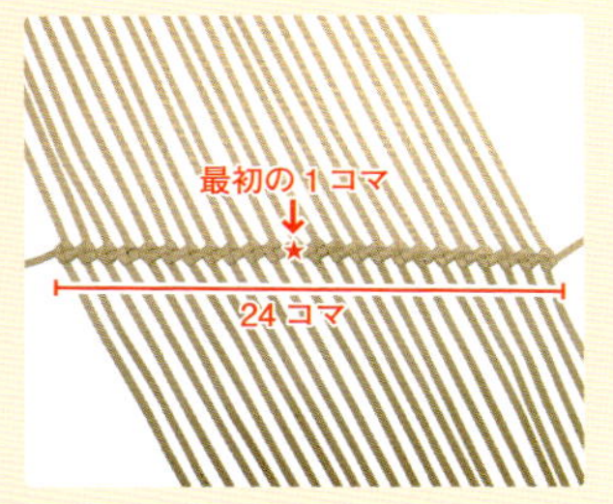

1 横紐と縦紐で写真のように編む（最初の1列のみ逆編み）。
※逆編み：P102参照

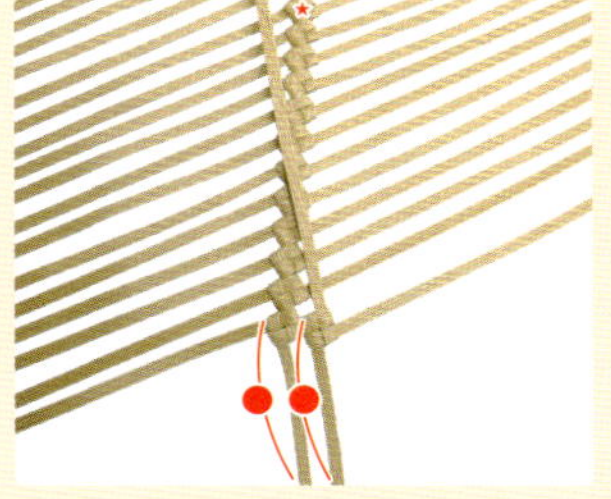

2 90度回転し、●の長さを揃えた横紐を掛け、1コマ編む（ここから基本編み）。※基本編み：P102参照

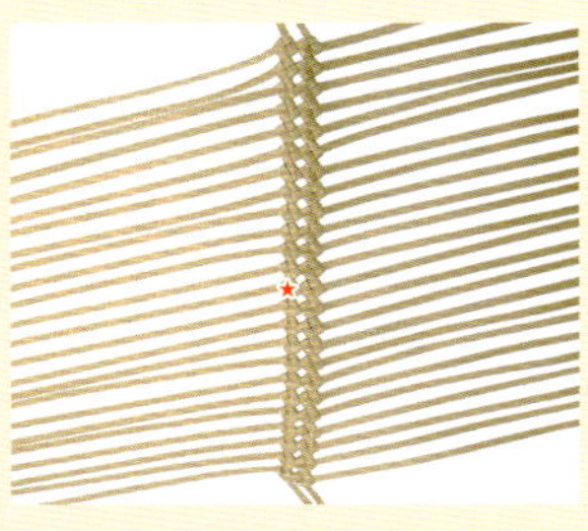

3 上方向へ編み進め、1列編む。

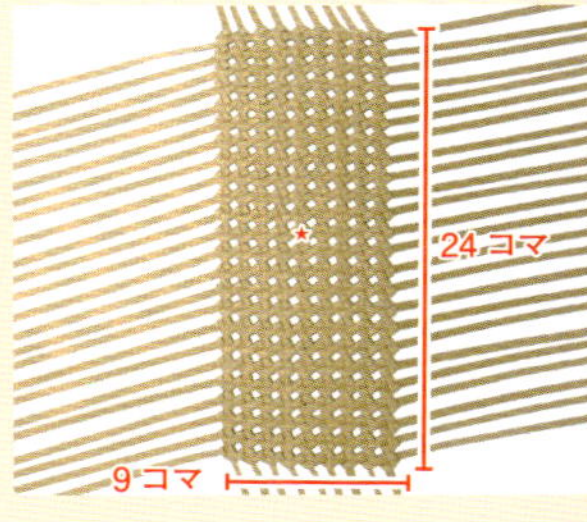

4 横紐で写真のように計9列編む。

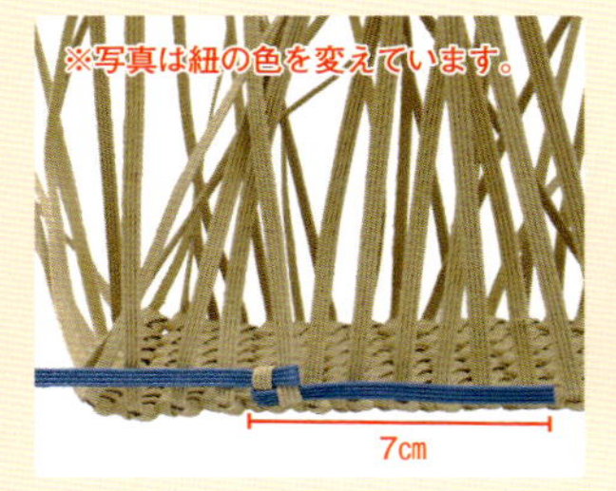

5 裏返し、立ち上げる。縦紐が正面に来るように向きを変え、7cmに折った編み紐を掛け、1コマ編む。

6 左方向へ編み進める（角の穴は三角形になる）。
※写真は穴の色を変えています。

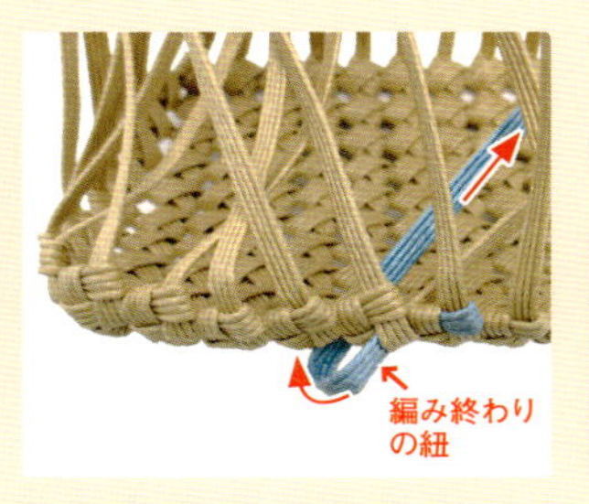

7 1周編み、編み終わりの紐を編み始めのコマに差し込み、隣の穴から内側に通す。

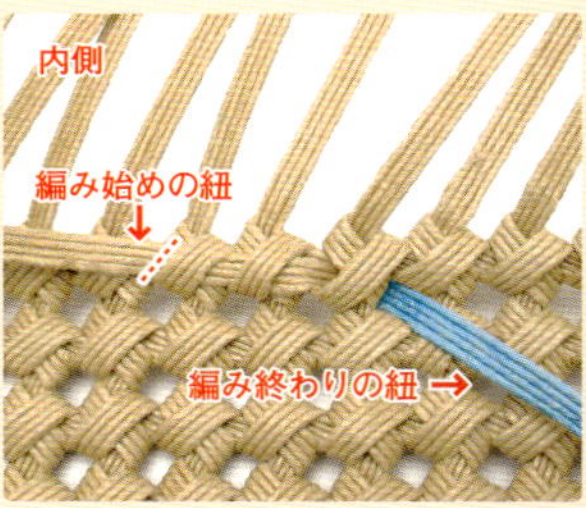

8 編み始めの紐を2コマ差し込み、余分をカットする。

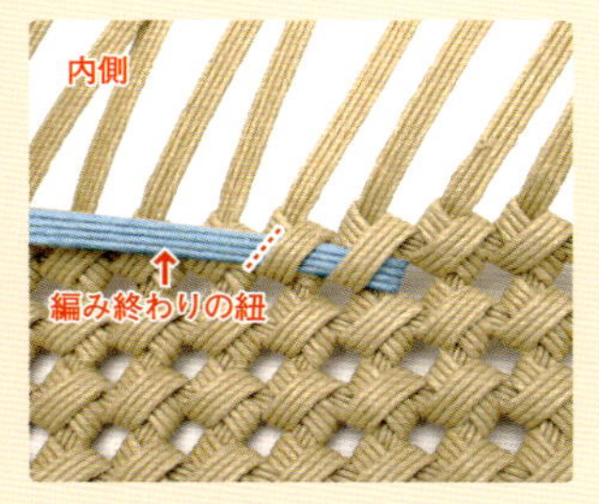

9 編み終わりの紐を2コマ差し込み、余分をカットする。

10 角を避け、スタート位置を変えながら計17段編む。

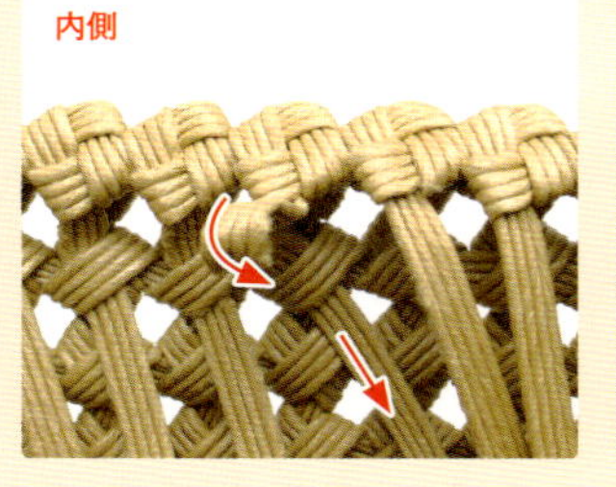

11 最上段を内側に折り、下段に差し込む。

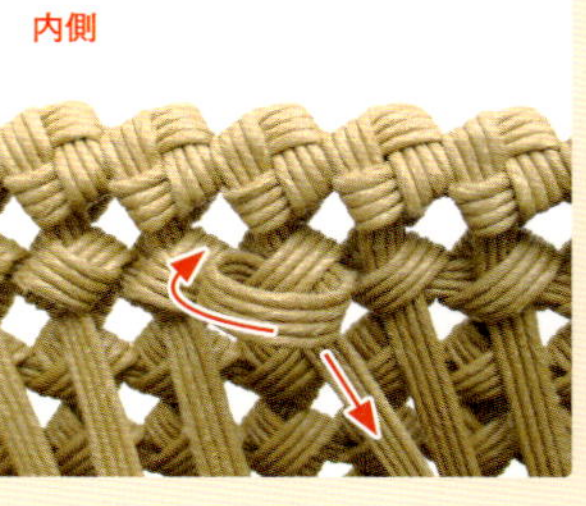

12 もう一度同じコマに差し込み、引き締める。

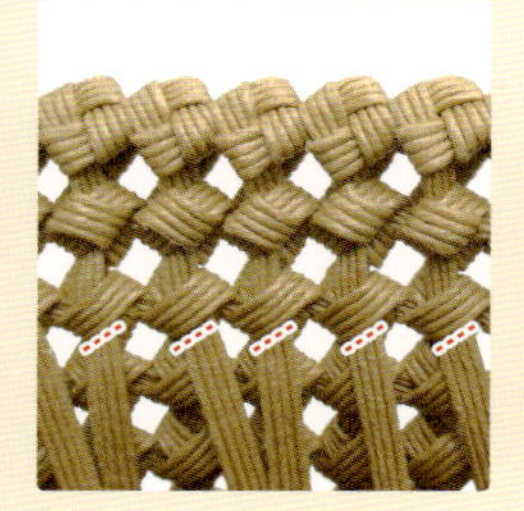

13 下段に差し込み、余分をカットする。

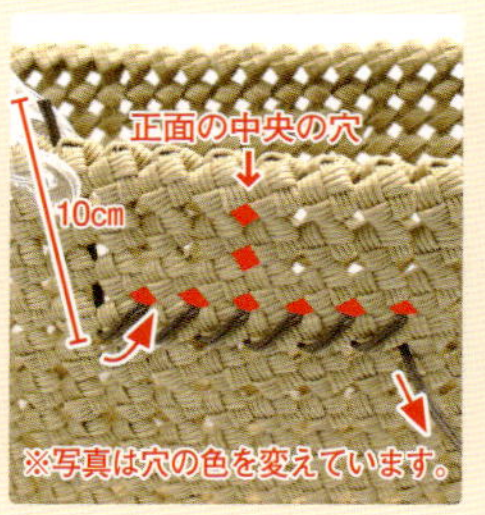

14 ステッチ①を10cm内側に残し、写真のように6コマ斜めに掛ける。

15 クロスに6コマ掛ける。

16 始めと終わりの紐を写真のように差し込む。

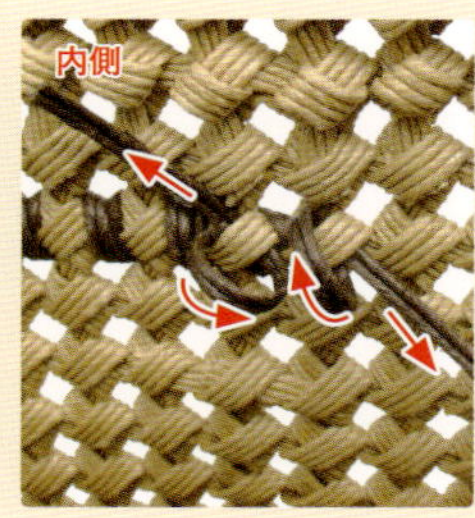

17 もう一度同じコマに差し込む。

18 引き締め、余分をカットする。

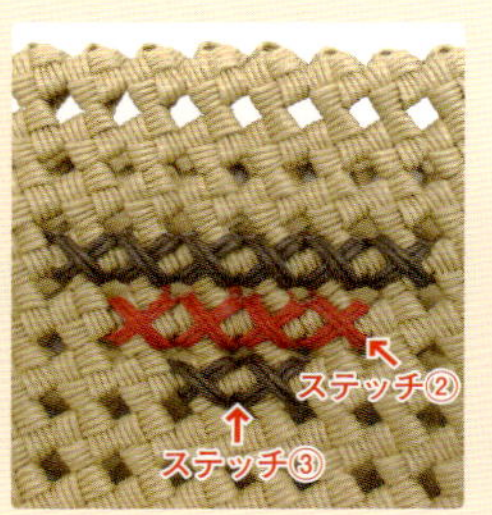

19 ステッチ②③を写真のように掛ける。反対側も同様にする。

20 持ち手紐2本の中心を写真のように通す。※写真は紐の色を変えています。

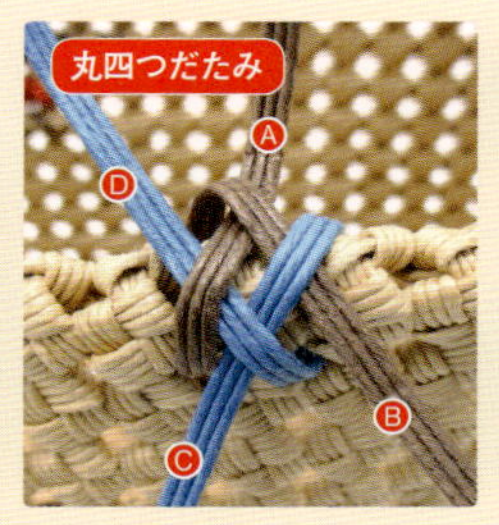

21 持ち手紐で井桁に組み、引き締める。

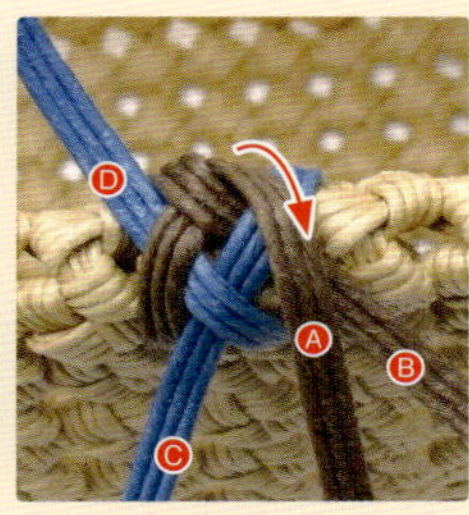

22 ⒶをⒷⒸの間に倒す。

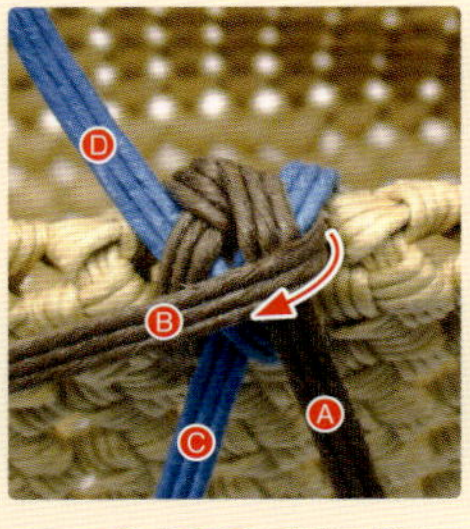

23 ⒷをⒸⒹの間に倒す。

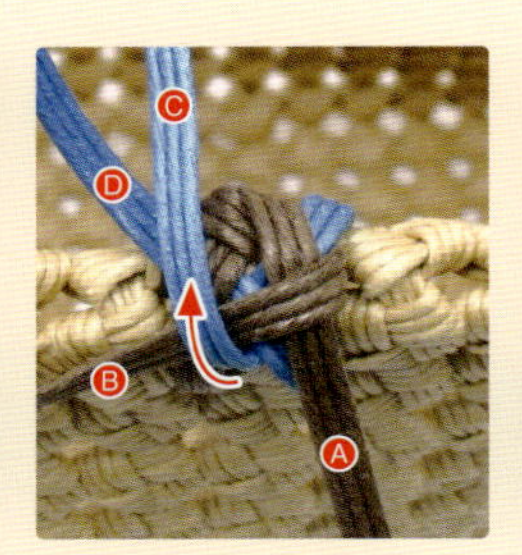

24 Ⓒを上に倒す。

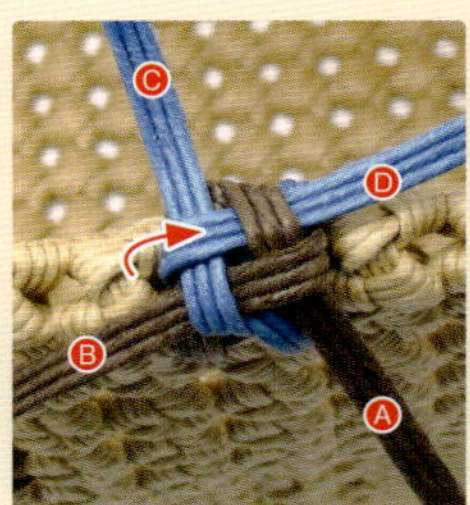

25 ⒹはⒶの下を通し、引き締める。

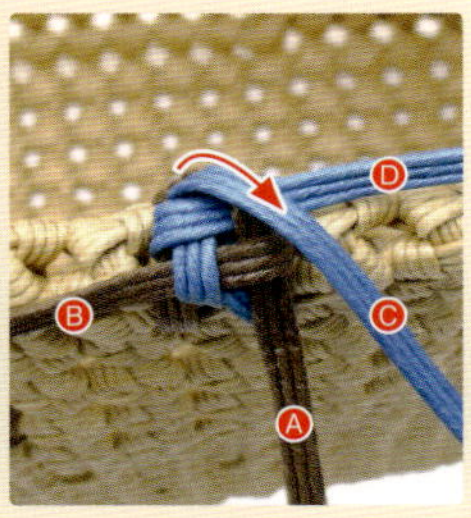

26 22～25を参考に時計回りに倒す。

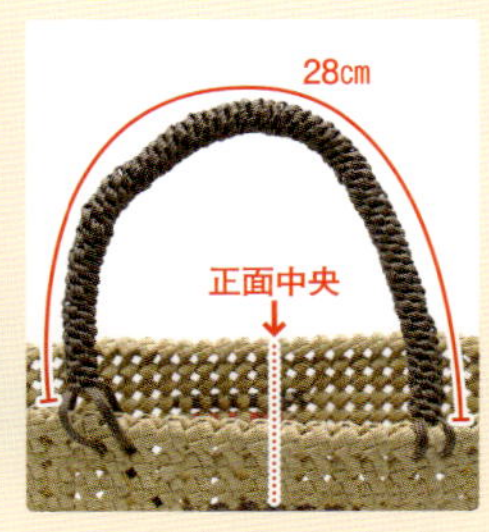

27 28cmの長さに持ち手紐を編み、20と同様に通す。

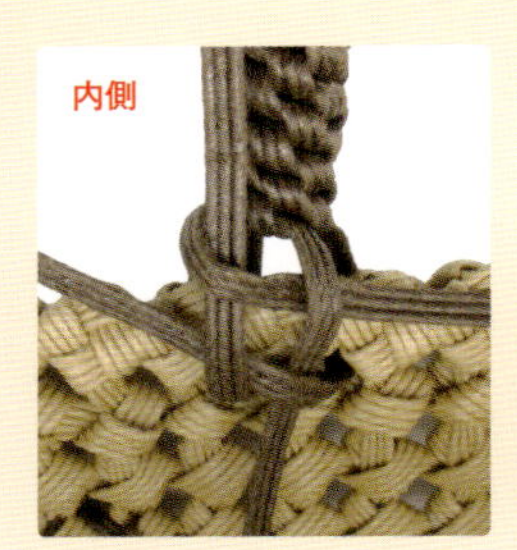

28 井桁に組み、引き締める。

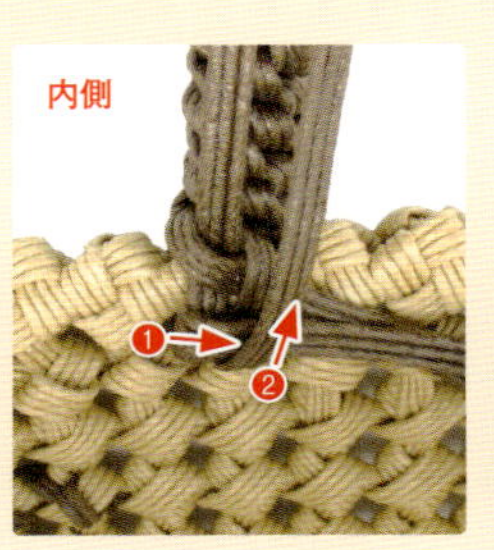

29 写真のように倒す。

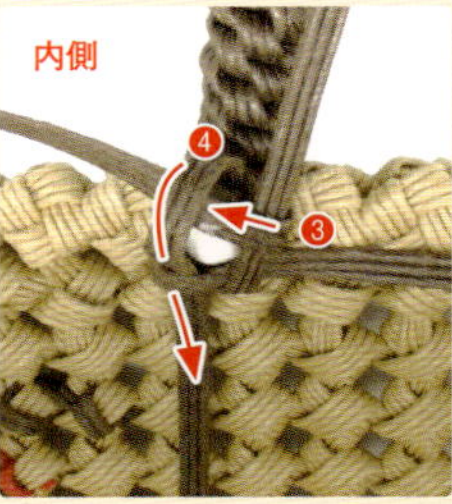

30 写真のように倒し、最後は紐の下を通し、中央にボンドを付ける。

31 引き締めて余分をカットする。

Finish!

反対側の持ち手も同様にして完成！

清楚コーデに合わせたい女子度高めアイテム

A

クロスリボンバッグ

使用したクラフトバンド（★★★）/ design 新森富士子

B

A パステルグリーン × ハーブティー × スノーホワイト

B ライトチョコ × パステルまろん × ミルクレープ

クロスリボンバッグ

材料と寸法

横紐①／ライトチョコ……18cm×4本(9本幅)
横紐②／ライトチョコ……75cm×3本(6本幅)
始末紐／ライトチョコ……7cm×2本(6本幅)
縦紐／ライトチョコ……60cm×9本(6本幅)
補強紐／ライトチョコ……18cm×2本(9本幅)
底編み紐／パステルまろん……450cm×2本(2本幅)
差し紐／ライトチョコ……30cm×8本(6本幅)
編み紐①／パステルまろん……300cm×3本(3本幅)
編み紐②／ミルクレープ……78cm×2本(13本幅)
編み紐③／ライトチョコ……550cm×4本(3本幅)
編み紐④／ライトチョコ……75cm×1本(8本幅)
持ち手紐／ライトチョコ……41cm×4本(10本幅)
持ち手巻き紐／ライトチョコ……420cm×2本(2本幅)
持ち手飾り紐／ミルクレープ……34cm×2本(4本幅)
縁紐／ライトチョコ……78cm×2本(8本幅)
クロス紐／ライトチョコ……400cm×1本(2本幅)
リボン①／ミルクレープ……25cm×2本(13本幅)
リボン②／ライトチョコ……7cm×1本(12本幅)

※編み紐②とリボン①は12本幅でも可。

必要な長さ

ライトチョコ……2457cm
パステルまろん……750cm
ミルクレープ……240cm

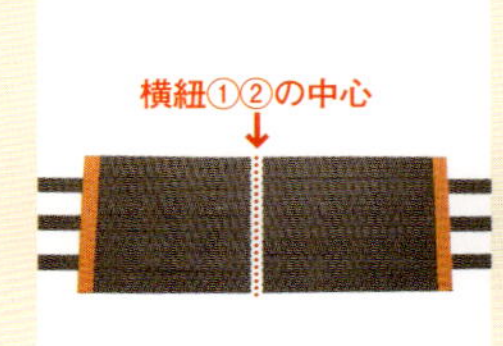

1 横紐①②を交互に並べ、中心を合わせる。始末紐を両端に貼る。

2 裏返し、縦紐2本の中心を合わせ、始末紐の裏側に貼る。

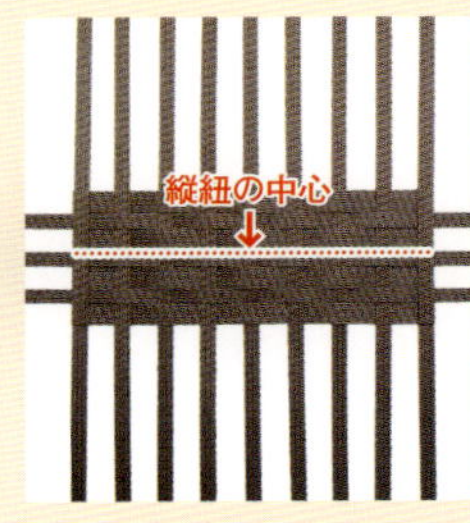

3 表に返し、縦紐を写真のように交互に差し込み、間隔を均等にする。

4 補強紐を上下に貼る。※写真は紐の色を変えています。

5 底編み紐の先端をボンドで固定し、追いかけ編みで編む。※追いかけ編み：P100参照

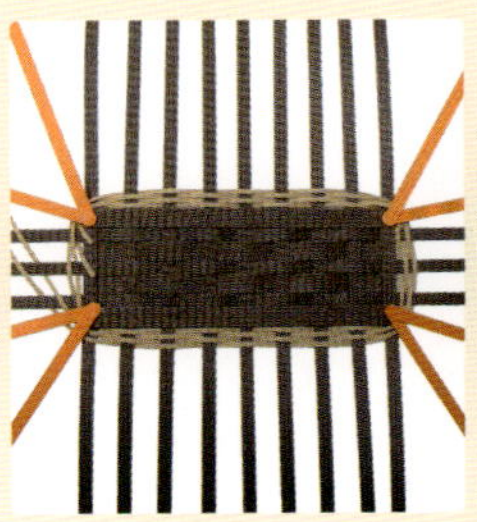

6 2周編み、紐を休める。差し紐の先端を丸くカットし、ボンドで固定する。

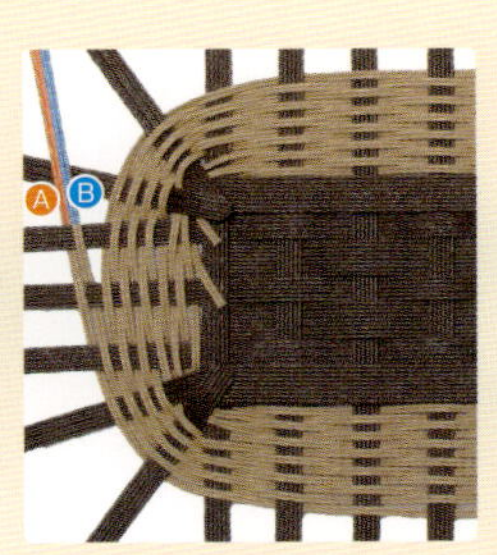

7 底編み紐で更に4周編む（計6周）。

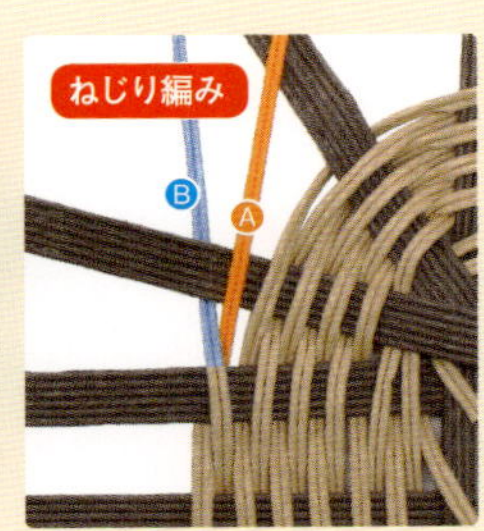

8 Bを Aにクロスして隣の紐に掛ける。

9 Aを Bにクロスして隣の紐に掛ける。

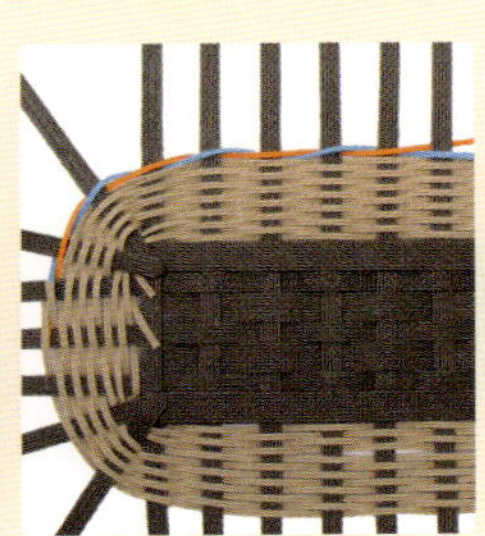

10 繰り返し、編み進める。

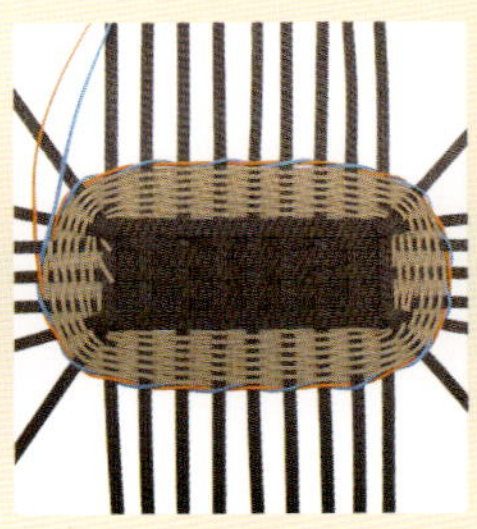

11 1周編んだところ。

12 編み終わりは余分をカットし、ボンドで固定する。

13 立ち上げる。

14 編み紐①3本の先端をボンドで固定する。※写真は紐の色を変えています。

15 側面から見たところ。

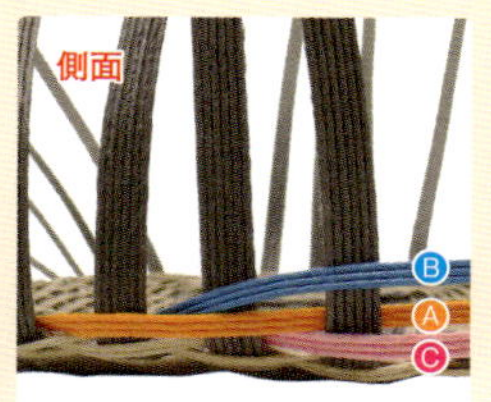

16 Ⓐを Ⓑと Ⓒの間を通し、3本先に掛ける。

17 Ⓑを Ⓐと Ⓒの間を通し、3本先に掛ける。

18 Ⓒを Ⓐと Ⓑの間を通し、3本先に掛ける。

19 Ⓐを Ⓒと Ⓑの間を通し、3本先に掛ける。

20 Ⓑを Ⓒと Ⓐの間を通し、3本先に掛ける。

21 Ⓒを Ⓑと Ⓐの間を通し、3本先に掛ける。

22 16〜21を繰り返す。

23 すぼまらないように、4周編む。

24 編み終わりは余分をカットし、ボンドを付け、内側に固定する。

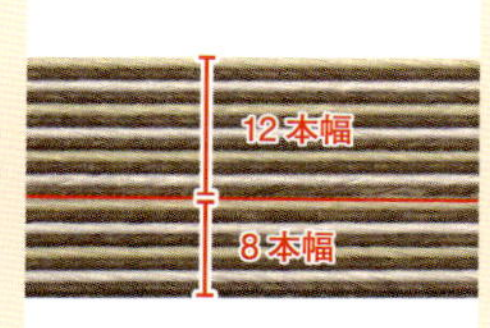

25 編み紐②2本を柄のバランスの良いところで割き、貼り合わせ、20本幅を作る。

26 左から2本目の縦紐の裏側に25を洗濯バサミで留め、右方向へ交互に編む。

27 1周編む。編み終わりは余分をカットし、ボンドを付け、内側に固定する。

28 側面内側に、編み紐③2本の先端をボンドで固定する。※写真は紐の色を変えています。

29 追いかけ編みで編む。

30 すぼまらないように、真っ直ぐ立ち上げながら編む。

31 紐が無くなったら、余分をカットする。内側に隠れるように編み紐③2本をボンドでつなぐ。

32 すぼまらないように、14周編む（28段）。

33 編み終わりは余分をカットし、側面内側にボンドで固定する。

34 編み紐④で交互に編み、隙間を詰める。

35 中央から4本目を残し、最上段を包むように、紐を前後に折る。

36 折った紐は余分をカットし、下段に差し込む。

37 持ち手紐を内側の上から6段目まで差し込み、残した紐と貼り合わせる。

38 持ち手紐を外側の上から5段目まで差し込み、貼り合わせる。

39 持ち手巻き紐の先端にボンドを付け、内側に固定する。12周巻き、持ち手飾り紐を差し込む。

40 持ち手飾り紐を手前に倒し、2周巻く。

41 持ち手飾り紐を戻し、3周巻く。

42 40〜41を繰り返し、巻き終わりは12周巻く。反対側の持ち手も同様にする。

43 縁紐を内側と外側に貼る。

44 側面にクロス紐の中心を掛ける。
※写真は紐の中心で色を変えています。

45 下側の紐を斜めに掛けて1周する。

46 上側の紐をクロスに掛けて1周する。

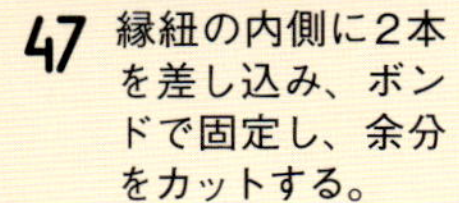

47 縁紐の内側に2本を差し込み、ボンドで固定し、余分をカットする。

48 リボン①を輪にしてボンドで固定する。

49 48をクロスして中央にボンドを付け、リボン②を中央に巻いてボンドで固定する。

49を本体に貼り、完成！

カジュアルに
ちょっぴり遊び心をプラス

B

デニム風バッグ

使用したクラフトバンド（★★）/ design 矢野みどり

A
▼
P7
チャコール
×
スペシャルブラック
×
パステルパウダーブルー

B
サファイア
×
コバルトブルー
×
クリーム
×
パステルクッキー

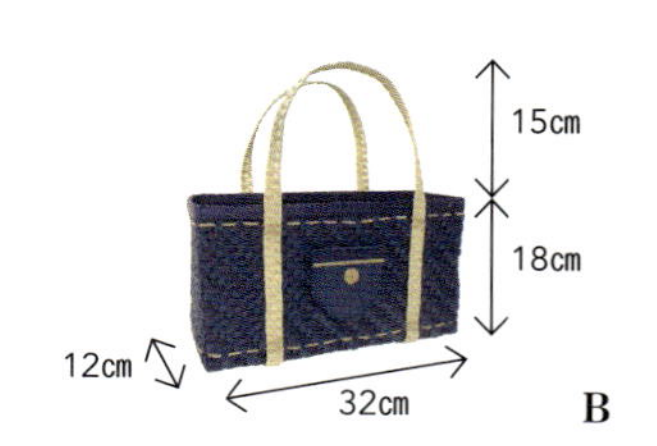

デニム風バッグ

材料と寸法

- 横紐／サファイア……87cm×16本(6本幅)
- 縦紐／サファイア……67cm×44本(6本幅)
- 始末紐／サファイア……12cm×2本(12本幅)
- 補強紐／サファイア……33cm×2本(12本幅)
- 編み紐／コバルトブルー……95cm×23本(6本幅)
- 縁紐／コバルトブルー……95cm×2本(12本幅)
- 縁補強紐／コバルトブルー……92cm×1本(2本幅)
- ステッチ紐／パステルクッキー……150cm×2本(2本幅)
- 持ち手紐／クリーム……540cm×2本(6本幅)
- 持ち手留め紐／パステルクッキー……25cm×8本(2本幅)
- ポケット①／サファイア……9cm×12本(12本幅)
- ポケット②／コバルトブルー……9cm×1本(12本幅)
- ポケット③／パステルクッキー……9cm×1本(3本幅)
- ポケット④／サファイア……45cm×1本(3本幅)
- ポケット⑤／パステルクッキー……25cm×1本(2本幅)

必要な長さ

- サファイア……2411cm
- コバルトブルー……1431cm
- クリーム……550cm
- パステルクッキー……234cm

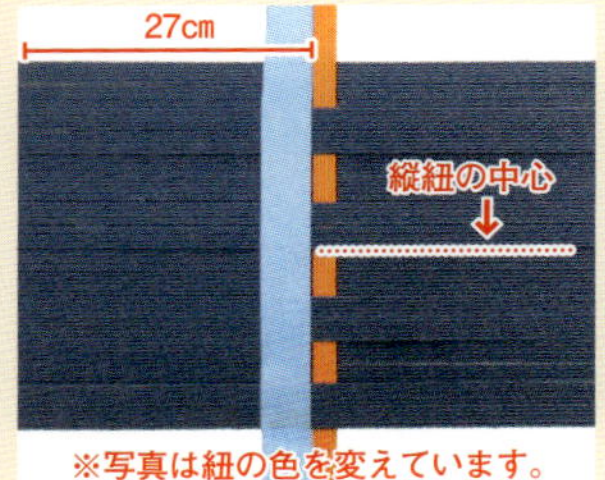

1 横紐を並べて左端から27cmの位置をマスキングテープで留める。縦紐を2本飛ばしに差し込む※あじろ編み：P101参照

2 キリフキを掛け、詰めながら縦紐を1段ずつずらして2本飛ばしに差し込む（4本で1パターンになる）。

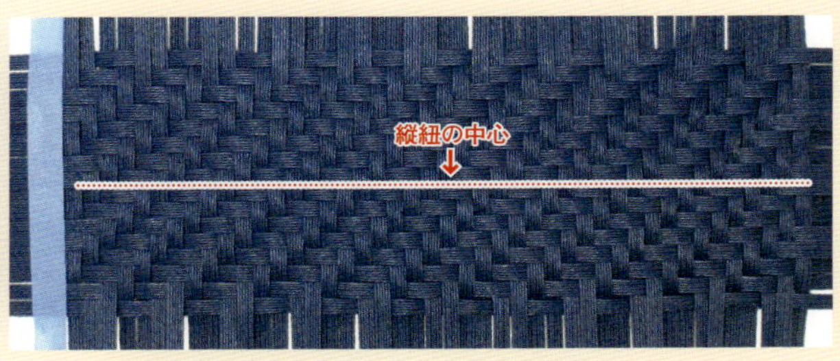

3 キリフキを掛け、隙間を詰めながら同様のパターンで計44本差し込む。

4 始末紐を両端に貼る。
※写真は紐の色を変えています。

5 補強紐を上下に貼る。

6 立ち上げ、左から8本目の裏側に編み紐を洗濯バサミで留め、右方向へ2本飛ばしで編む。

7 1周し、編み終わりは余分をカットして内側にボンドで固定する。

8 1段目のスタート位置より1本左隣から2段目を同様に編む。

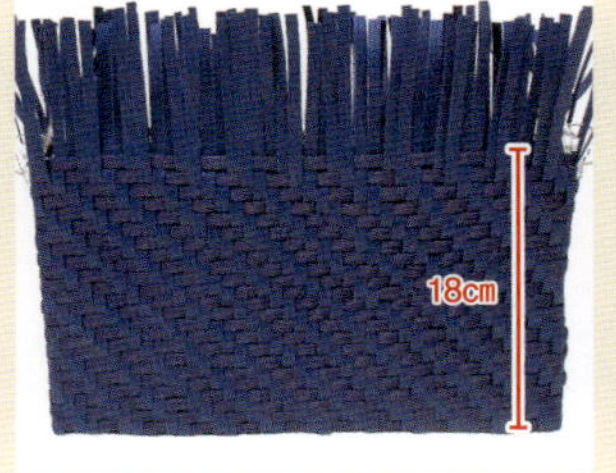

9 キリフキを掛け、隙間を詰めながら計23段編む（左上がりの柄を確かめながら編む）。18cmの高さに揃える。

10 最上段にボンドを付け、全ての紐を固定する。
※写真は紐の色を変えています。

11 最上段に合わせて余分をカットする。

12 縁紐を内側に3本幅分、上に出して貼る。※写真は紐の色を変えています。

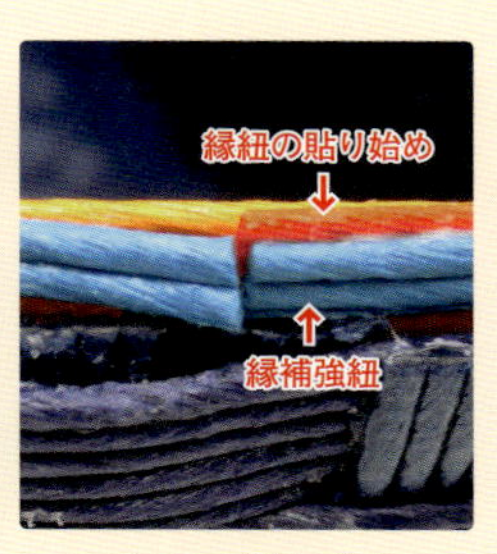

13 縁紐の貼り始めに縁補強紐を合わせ、高さを揃えて突き合わせに貼る。

14 外側に縁紐を貼る。

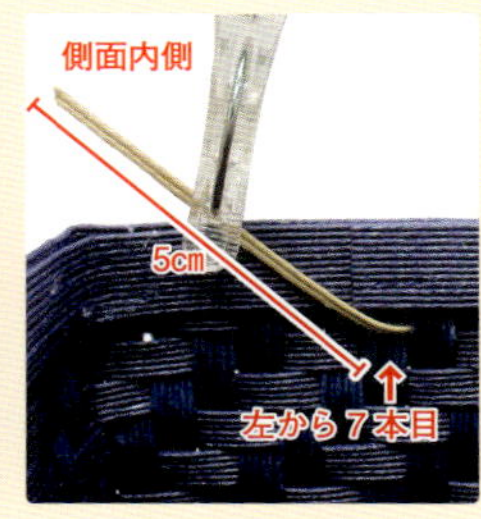

15 ステッチ紐を写真のように差し込み、洗濯バサミで留める。

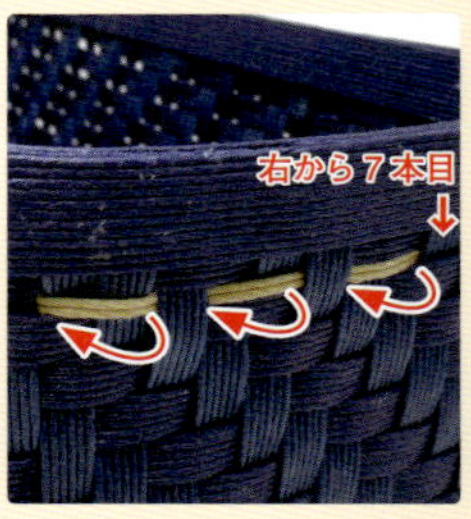

16 目打ちで隙間を作りながら、左方向へ外側2本、内側1本の順で差し込む。

17 1周し、始めと終わりをボンドを付けて結ぶ。余分をカットする。

18 更にボンドをしっかり付けて固定する。

19 2と3段目の編み紐の間にステッチ紐を同様に差し込む（上段のステッチと柄を揃える）。

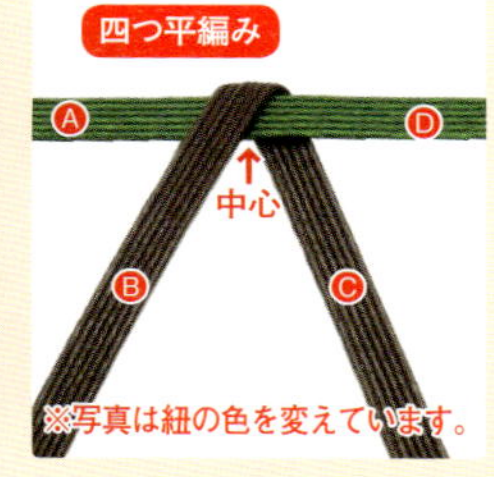

20 持ち手紐の中心に、中心で折った持ち手紐を写真のように掛ける。

21 Ⓓを後ろに折る。

22 Ⓐを手前に折る。

23 ⒶとⒹの上下を入れ替える。

24 Ⓒを後ろに折る。

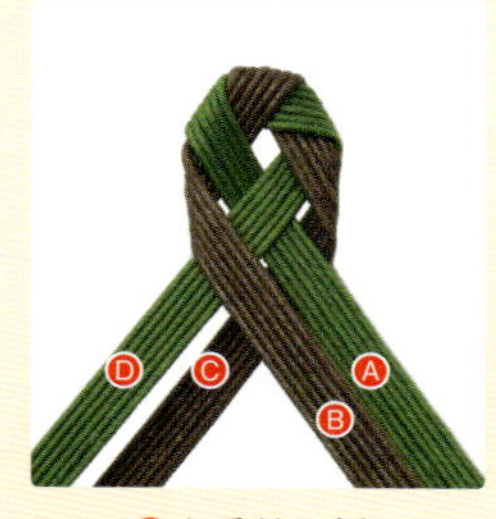

25 Ⓑを手前に折る。

26 ⒸとⒷの上下を入れ替える。

27 繰り返し、編む。

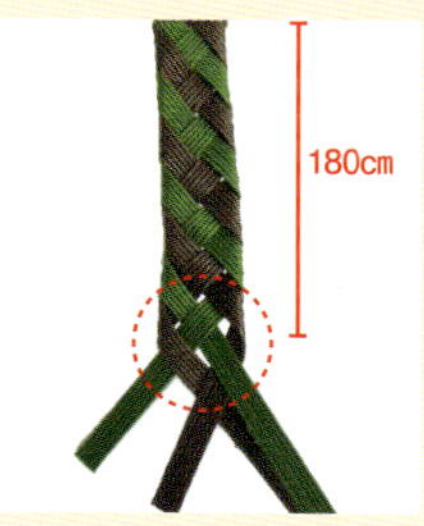

28 180㎝の長さまで編み、編み終わりは洗濯バサミで留める。

29 右から9と10本目の縦紐の間に持ち手留め紐を5㎝差し込む。

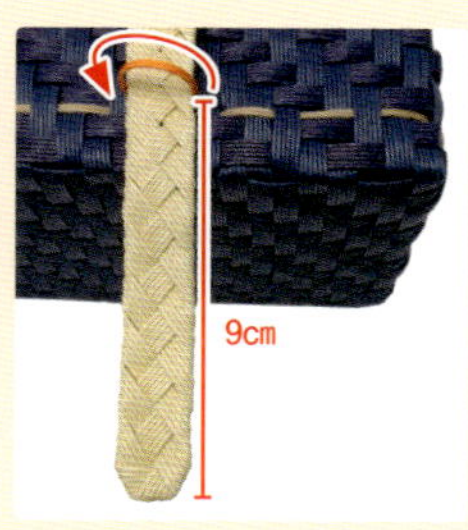

30 持ち手紐の編み始めを9㎝残し、持ち手留め紐を2本左隣の縦紐に差し込む。

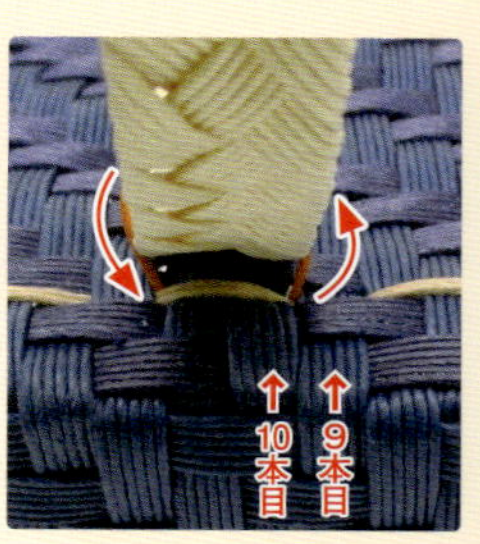

31 持ち手紐の下から見たところ。

32 2本右隣の上段から外側に出す。

33 2本左隣の縦紐に差し込む。

34 引き締める。

35 始めと終わりの紐を写真のように重ねて余分をカットし、ボンドで固定する。

36 持ち手紐10㎝にボンドをしっかり付け、真っ直ぐに固定する。

37 31と同じ位置に持ち手留め紐で同様に留める。

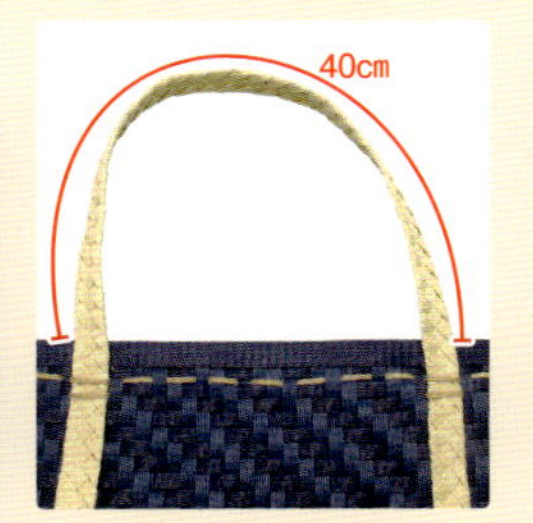

38 持ち手を40㎝にして右側と対象の位置に持ち手留め紐で留める。

39 持ち手紐を真っ直ぐにボンドで固定し、右側と対象の位置に持ち手留め紐で留める。

40 持ち手紐にボンドをしっかり付け、真っ直ぐに固定する。

41 背面も同様に持ち手留め紐とボンドを付ける。

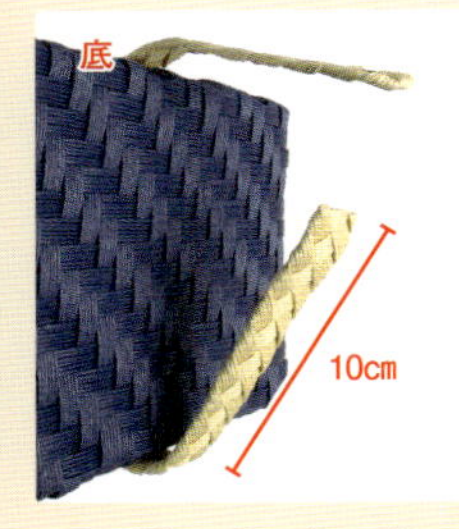

42 持ち手の編み終わりをボンドで固定し、写真のようにカットする。

43 編み始めを上にしてボンドで固定する。

44 ポケット①2本を直角に重ねて貼る。
※写真は紐の色を変えています。

45 左端に揃えてポケット①を隙間無く貼る（計6本）。

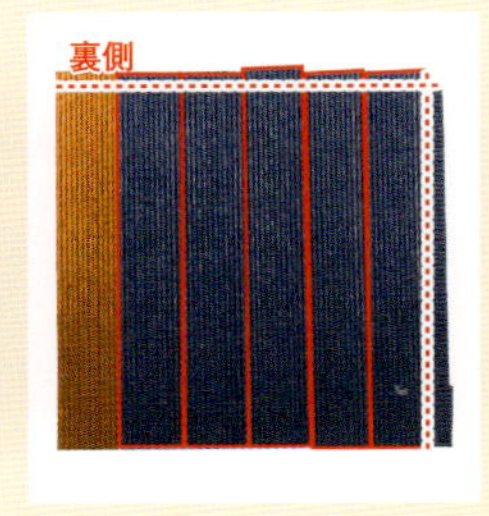

46 裏返し、下部に揃えてポケット①を隙間無く貼る（計6本）。余分をカットする。

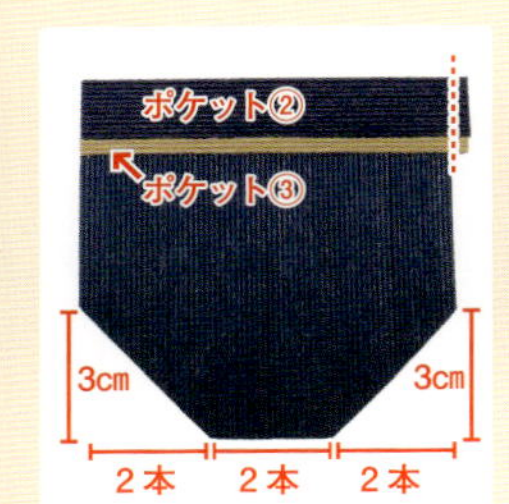

47 下部を写真のようにカットする。上部に揃えてポケット②③を貼り、余分をカットする。

48 ポケット④を下部で二重になるように、縁に貼る。※写真は紐の色を変えています。

49 ポケット⑤にボンドを付けながらきつく巻く。

50 48に49を貼る。

50をしっかりボンドを付けてバランスよく貼り、完成！

お花をギュッと集めた
フェミニンバッグ

A

花結びのフタ付きバッグ

使用したクラフトバンド（★★）/ design 千葉真由子

A | パステルパウダーブルー × パステルばにらあいす

B | ピーチツリー × ストロベリー

C ▼ P9 | クリスタルブルー × パウダースノー

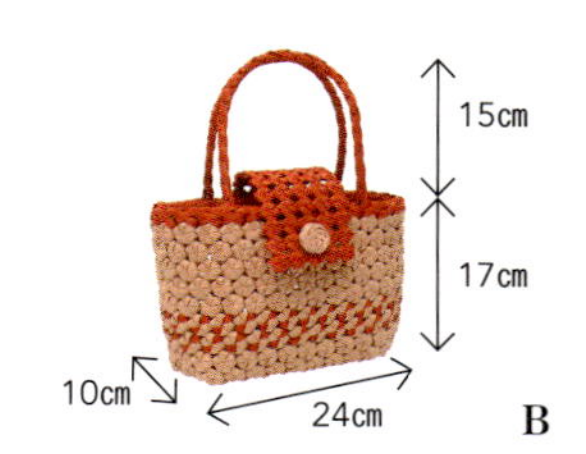

B

花結びのフタ付きバッグ

材料と寸法　※直径約1.4㎝のマグネットボタンをご用意ください。

- 底紐①／ピーチツリー……240㎝×5本(6本幅)
- 底紐②／ピーチツリー……195㎝×11本(6本幅)
- 底紐③／ピーチツリー……195㎝×11本(6本幅)
- 編み紐①／ピーチツリー……260㎝×7本(6本幅)
- 編み紐②／ストロベリー……260㎝×2本(6本幅)
- 差し紐／ピーチツリー……85㎝×6本(6本幅)
- 縁紐／ピーチツリー……130㎝×1本(6本幅)
- 持ち手紐／ストロベリー……70㎝×8本(6本幅)
- 縁かがり紐／ストロベリー……200㎝×3本(6本幅)
- フタ横紐／ストロベリー……50㎝×11本(6本幅)
- フタ縦紐／ストロベリー……85㎝×5本(6本幅)
- ボタン①／ピーチツリー……35㎝×3本(4本幅)
- ボタン②／ストロベリー……20㎝×1本(3本幅)
- ボタン③／ピーチツリー……20㎝×1本(5本幅)

必要な長さ

- ピーチツリー……4540㎝
- ストロベリー……1515㎝

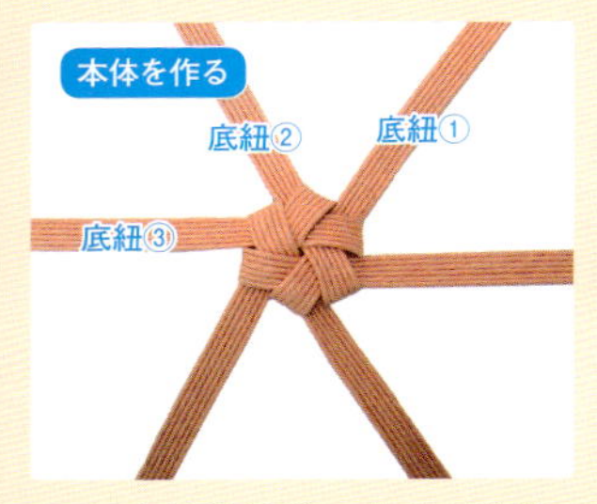

1 底紐①②③の中心で花結びを１コマ編む。
※花結び：P51 参照

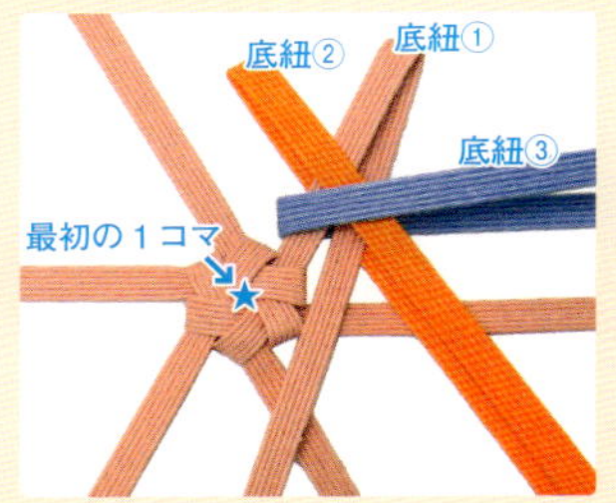

2 底紐①を後ろに曲げ、中心で折った底紐②③を写真のように掛ける。
※写真は紐の色を変えています。

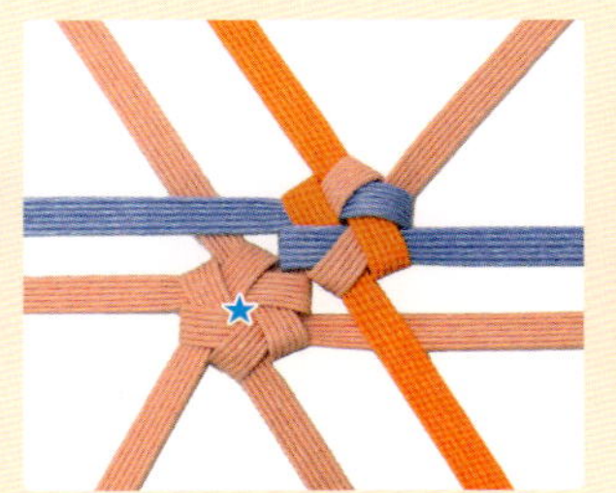

3 １コマ編む。

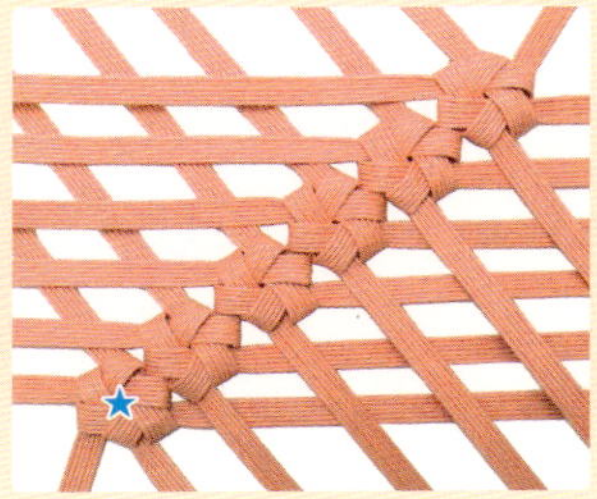

4 同様に計６コマ編む。

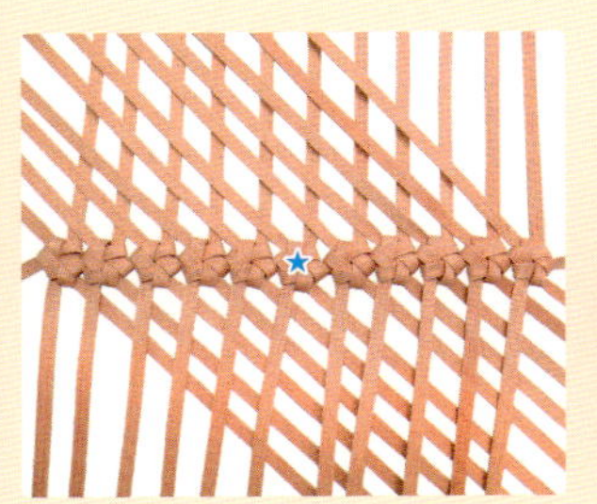

5 180度回転し、５コマ編む（計11コマ）。

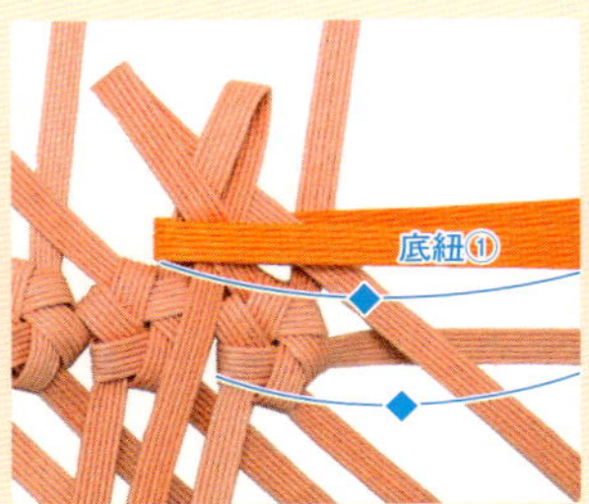

6 ◆の長さを揃えた底紐①を掛ける。
※写真は紐の色を変えています。

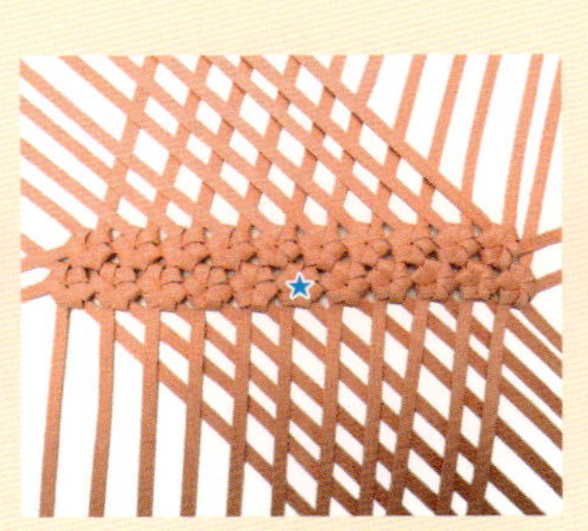

7 左方向へ２列目を編む（10コマ）。

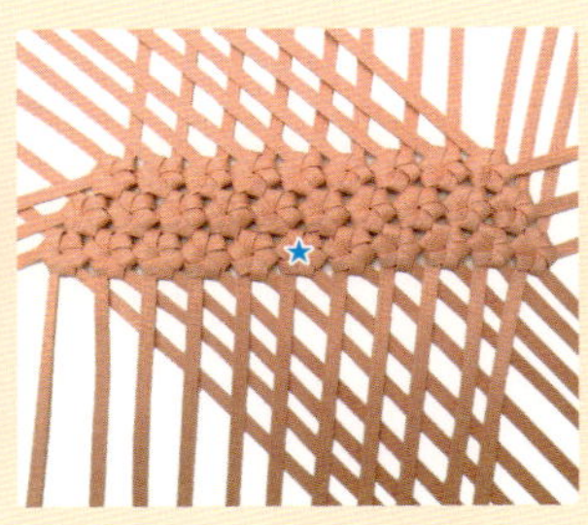

8 同様に３列目を編む（9コマ）。

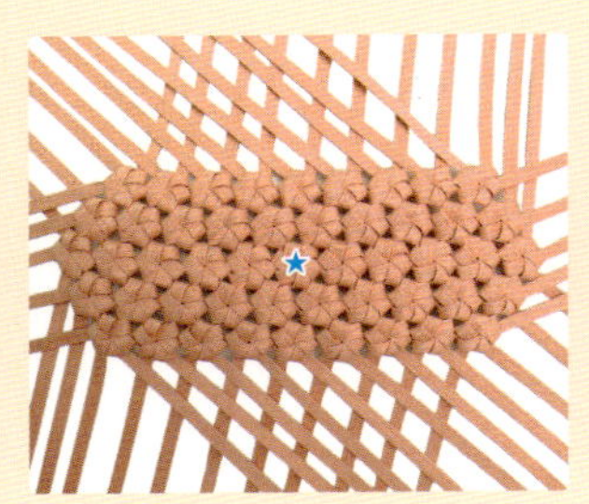

9 180度回転し、７～８と同様に２列編む（計５列）。

10 裏返し、立ち上げる。

11 10㎝に折った編み紐①を写真のように掛ける。
※写真は紐の色を変えています。

12 １コマ編む。

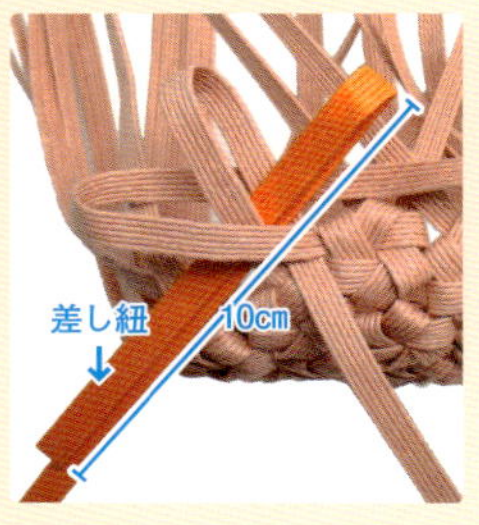

13 左に編み進め、角は写真のように差し紐を足す。

14 1コマ編む。

15 内側に差し込み、余分をカットする。

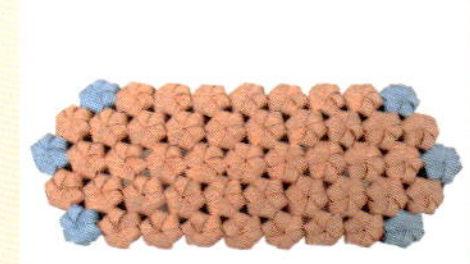

16 角の6か所は全て13～15と同様に差し紐を足して編む。

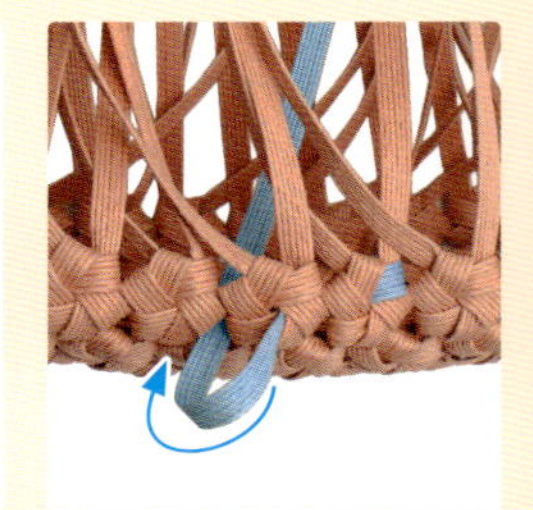

17 1周編み、編み終わりの紐は編み始めのコマに差し込み、隣の穴から内側へ通す。

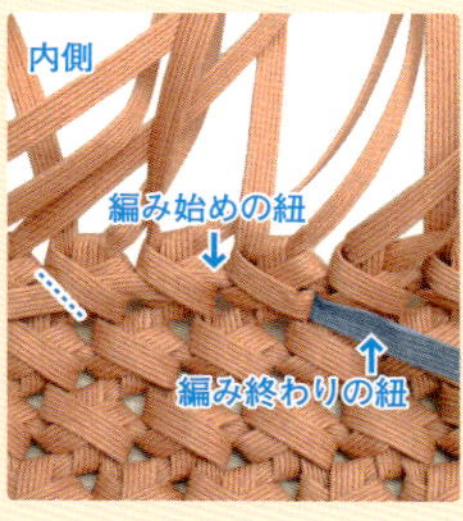

18 編み始めの紐を2コマ差し込み、余分をカットする。

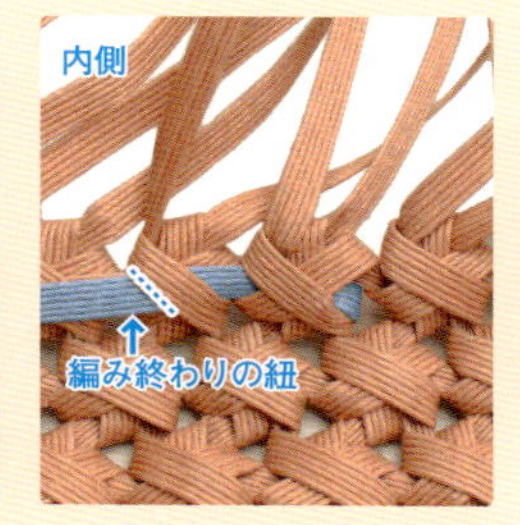

19 編み終わりの紐を2コマ写真のように差し込み、余分をカットする。

20 3・4段目のみ編み紐②、その他は編み紐①で編む（計9段）。

21 縁紐を最上段の内側に合わせて二重にして、洗濯バサミで留める。

22 最上段の上に乗せ、右から出ている紐を内側に2段差し込む。

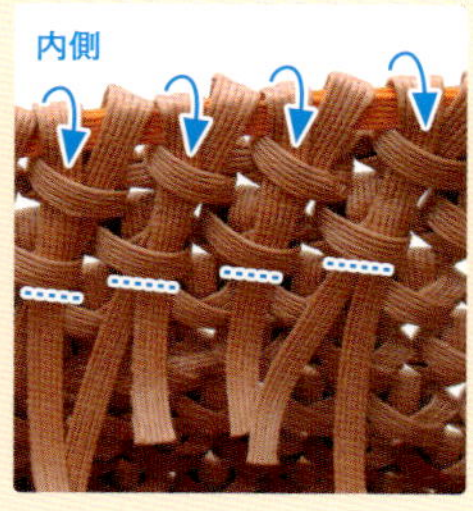

23 左から出ている紐を同じところに2段差し込み、余分をカットする（本体の完成）。

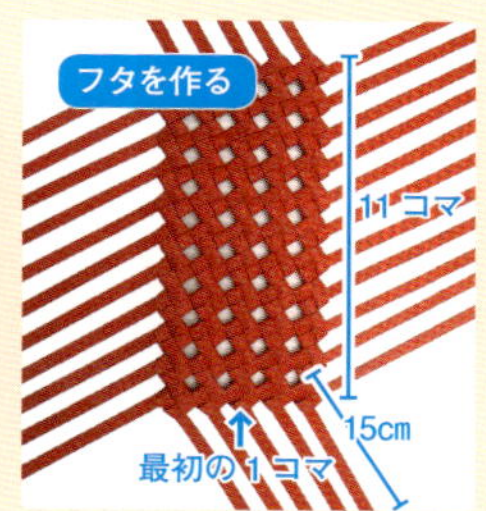

24 フタ横紐の中心に15㎝に折ったフタ縦紐を掛け、写真のように編む（最初の1列のみ逆編み）。※逆編み：P102参照

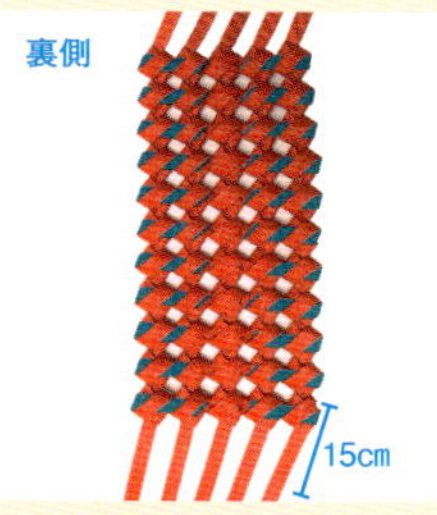

25 裏返し、両端を2コマ差し込み余分をカットする。※写真は紐の色を変えています。

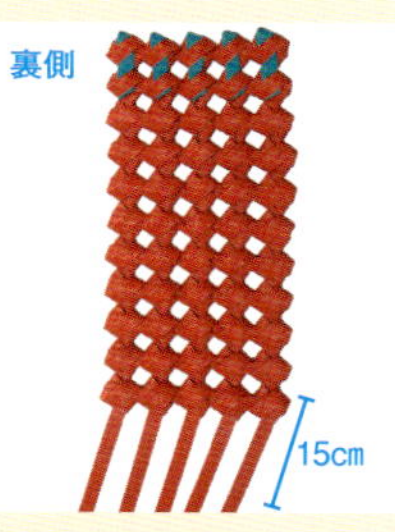

26 上部の紐を2コマ差し込み、余分をカットする（フタの完成）。

27 持ち手紐で斜めの井桁に組む。※写真は紐の色と幅を変えています。

28 Ⓓを後ろからまわしてⒶとⒷの間を通し、ⒷとⒸの間に出す。

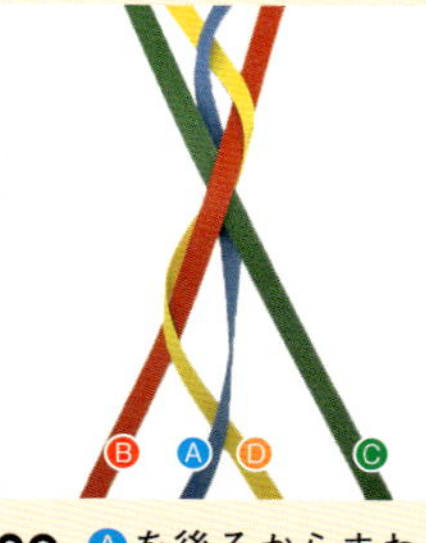

29 Ⓐを後ろからまわしてⒹとⒸの間を通し、ⒷとⒹの間に出す。

30 Ⓒを後ろからまわしてⒷとⒶの間を通し、ⒶとⒹの間に出す。

31 Ⓑを後ろからまわしてⒸとⒹの間を通し、ⒶとⒸの間に出す。

32 キリフキを掛け、整えながら28～31を繰り返す。38㎝の長さになるまで編む。同じものを2本作る。

33 32を正面中央から4コマ目の両サイドの穴から外側に2本通す。

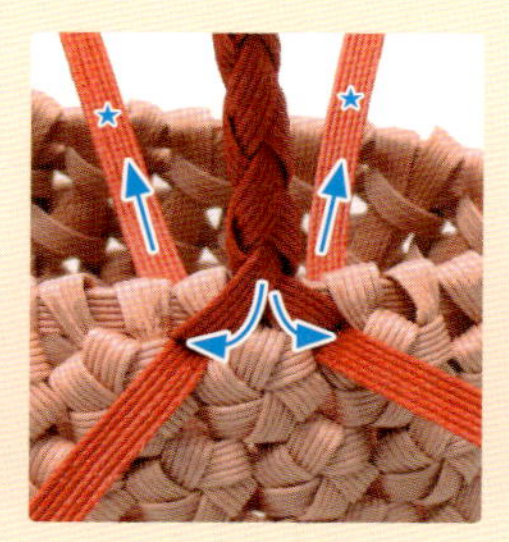

34 ★2本を内側に通す。

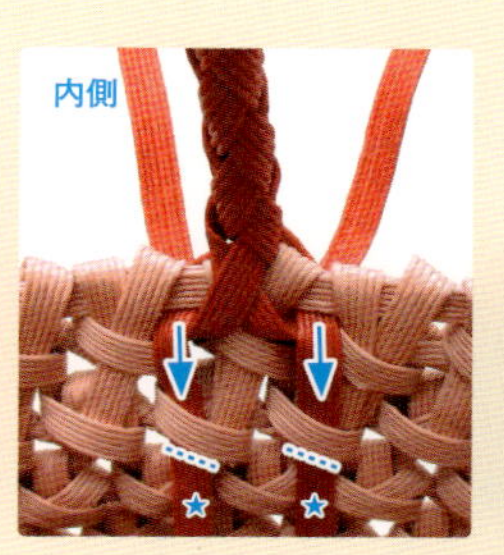

35 ★を写真のように差し込み、引き締める。

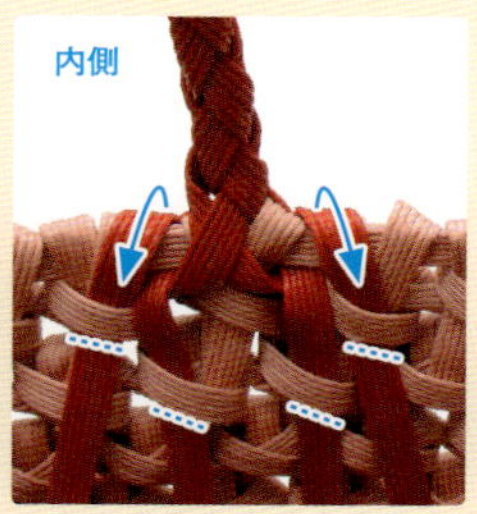

36 外側の2本は縁の上を通して写真のように差し込み、それぞれ余分をカットする。

37 反対側も同様に持ち手を付け、もう片方の持ち手も同様に付ける。

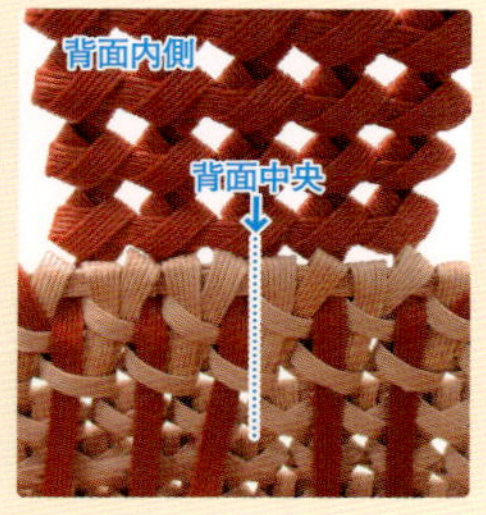

38 26を写真のように外側から通して下段に差し込む（この紐は42まで休める）。

39 縁かがり紐でP33の丸編み縁かがりを参考に縁を編む。

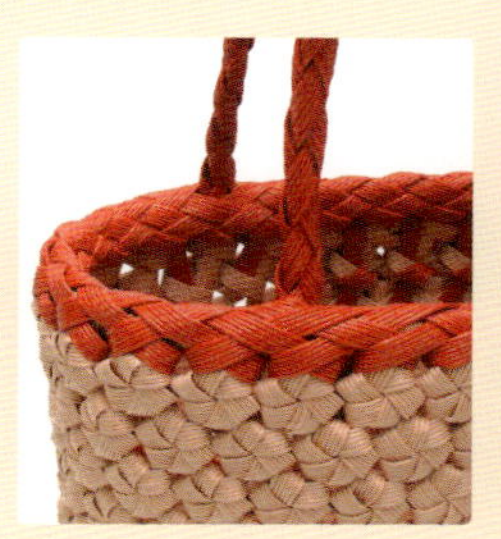

40 持ち手部分が抜けやすいので注意しながら、縁を編む。

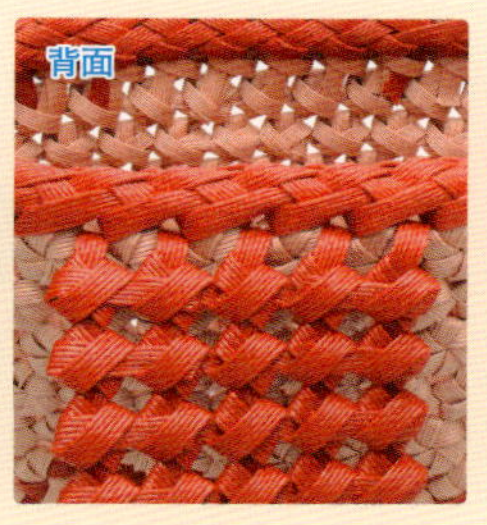

41 フタ部分の縁を背面から見たところ。

42 フタの始末。38と同じ段にもう一度差し込む。更に下段に差し込み、余分をカットする。

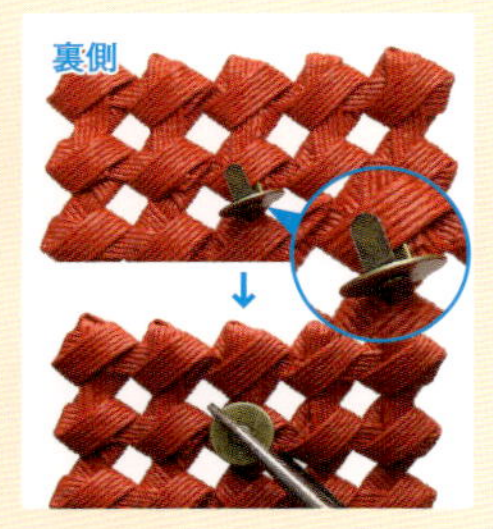

43 フタにマグネット凸の金具を差し込む。ラジオペンチで挟み、しっかり固定する。

44 ボタン①でローズボタンを作る。
※ローズボタン：P82参照

45 ボタン②を通す。
※写真は紐の色を変えています。

46 フタに45を写真のように通す。

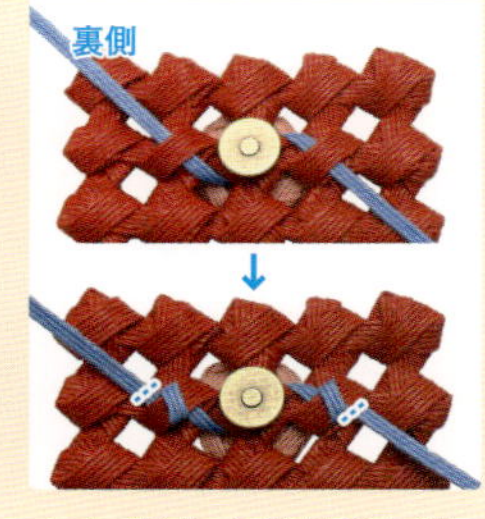

47 両サイドに差し込む。もう一度同じコマに差し込み、余分をカットする。

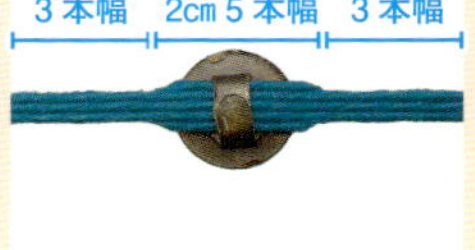

48 ボタン③を写真のような形にカットし、マグネット凹の金具で挟んで固定する。

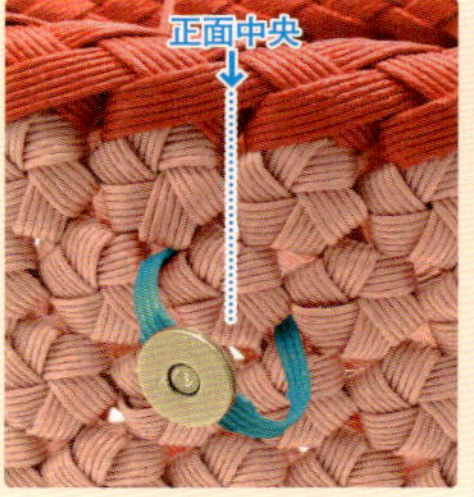

49 48を写真のように通す。

50 写真のように差し込む。

51 もう一度同じコマに差し込み、余分をカットする。

完成！

Basic Lesson & Color Sample

クラフトバンドで作品を作るうえで、
かならず知っておきたい基本の編み方と、色の見本を紹介します。
本編の作り方と合わせて、その都度確認しながら
作品制作を進めてみてください。

Basic Lesson **01**

基本の編み方

平編み

簡単に短時間で編める基本の編み方

Point スタート位置

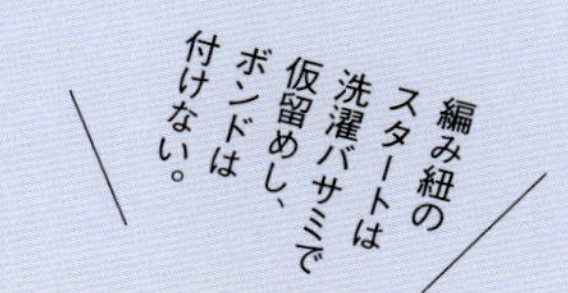

編み紐の
スタートは
洗濯バサミで
仮留めし、
ボンドは
付けない。

底紐と井桁になる。

1段目の編み紐は、底紐と井桁になる位置からスタート。縦紐の後ろ側に、編み紐を洗濯バサミで留める。

スタート位置を間違えると底紐と井桁にならない。

縦紐と底紐がかみ合わずに、ズレる。見た目も悪い上に、強度も弱く、かごが長持ちしない。

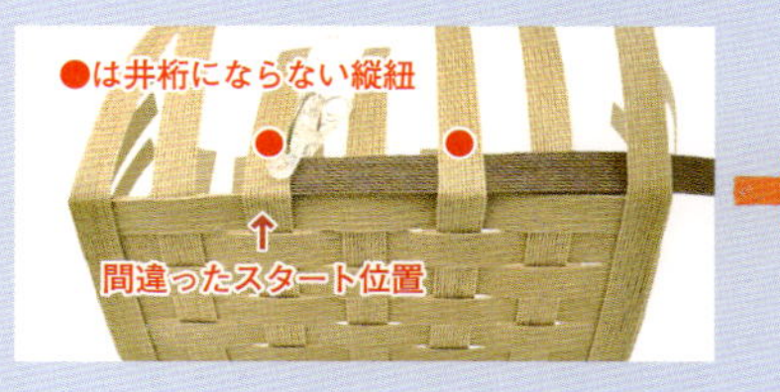

Point 編み終わり

1周編み終わった時に、編み紐の端と端をボンドでつなぐ。
この時に、縦紐にボンドが付かないようにする。
縦紐に貼ってしまうと、編み紐と編み紐の間に出来た隙間を詰めることが出来なくなる。

1 1周したら、スタート位置（●）の右隣の縦紐に合わせてカットする。

2 編み終わりにボンドを付ける。

3 貼り合わせる。

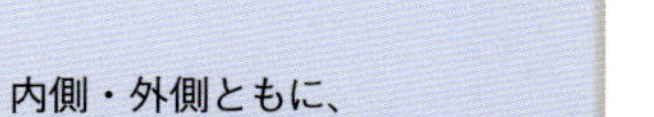

4 内側・外側ともに、つなぎ目は縦紐に隠れ、見えなくなる。

大切なこと

つなぎ目を隠さずに始末をしたかごは、見た目も悪く、引っ掛かるため使いづらい。編み紐の始末は必ずつなぎ目を隠す。

Basic Lesson 02

基本の編み方

追いかけ編み

2段一緒に編めて仕上がりが早い編み方

Point

2本の編み方

紐2本のスタート位置をずらして編み始めていき、2段が交互になる編み方。

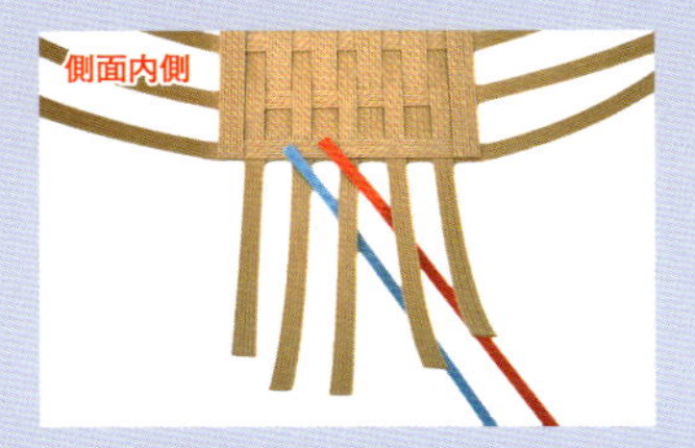

1 正面の1 段目がかみ合うよう側面にスタートの紐を貼る。

2 2本の紐を外側に出す。

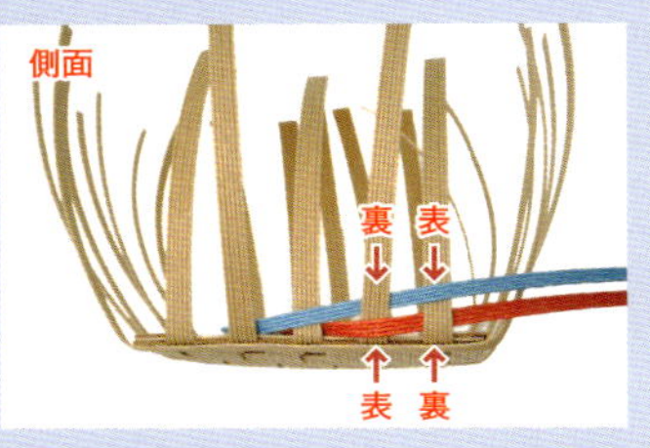

3 赤い紐を表・裏…と交互に編み、青い紐が追いかけるように裏・表…と交互に編む。

4 正面。2本で同時に編むので、1周＝2段になる。

5 1周編んだところ。

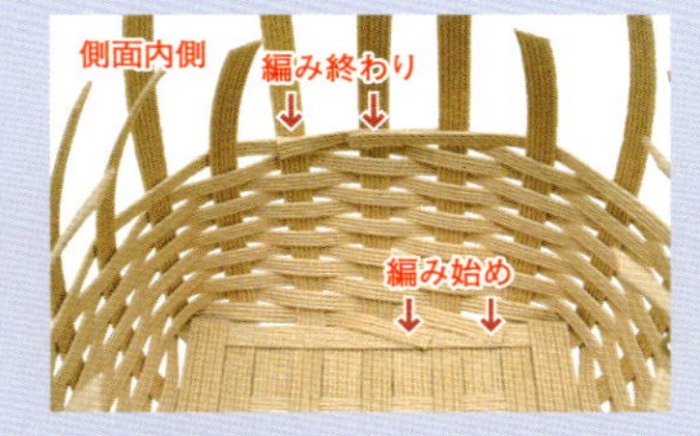

6 編み終わりは余分をカットし、内側の編み紐にボンドで固定する。

Point

1本で編む場合

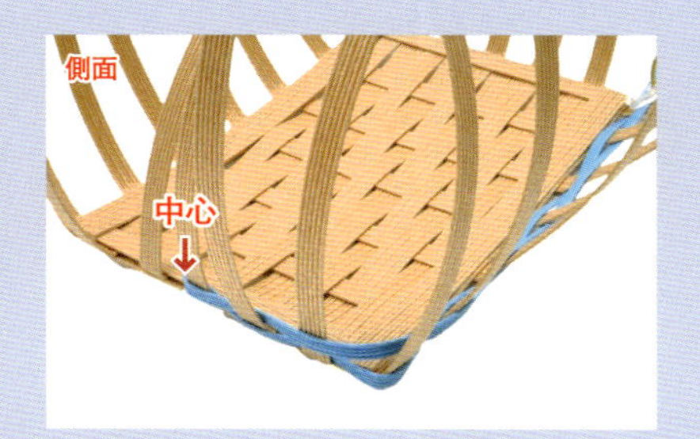

編み紐が1 本の場合は半分に折り、中心を掛けて、追いかけ編みをする。

大切なこと

広がったり、すぼまったりしやすいので、立ち上がりの紐が真っ直ぐになっているか確認しながら編む。

Basic Lesson 03

基本の編み方

あじろ編み

隙間なく編めて、模様を楽しめる編み方

Point 底について

基本のあじろ編みは左から編み始める。編んだ紐がズレないように左隣にマスキングテープを貼る。マスキングテープを貼る位置は下記を参考にする。写真3の黄色部分が底になる。

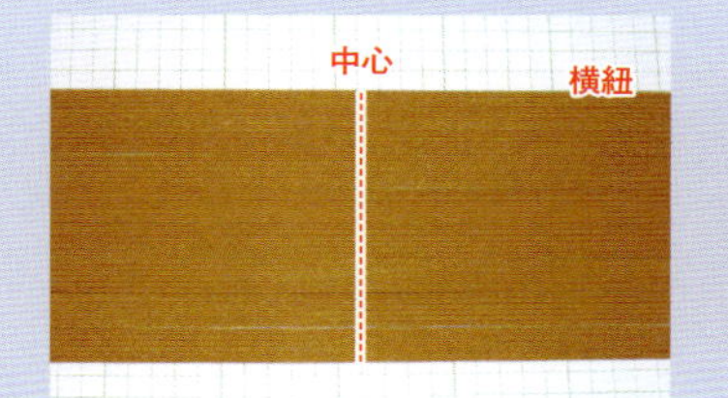

1 横紐の中心を合わせ、全て並べる。

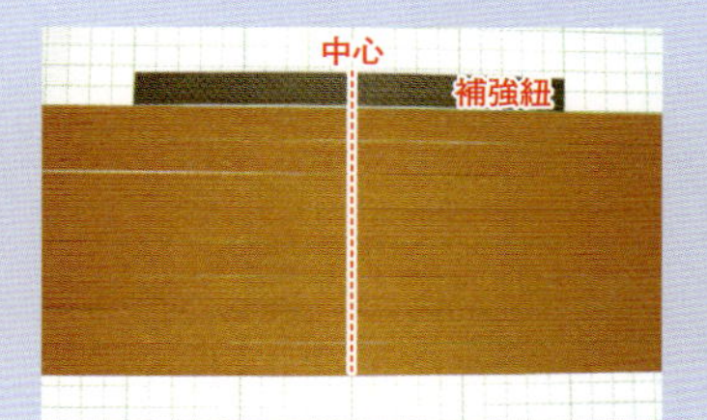

2 補強紐の中心を、横紐の中心に揃える。※補強紐の長さは仕上がり寸法の横の長さと同じ。

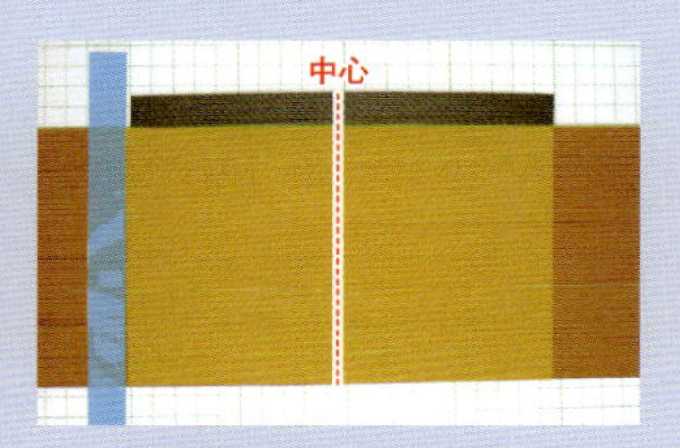

3 補強紐の左隣をマスキングテープで固定する。※底は色を変えています。

Point 底と1段目のかみ合わせ

底と1段目のかみ合わせはとても重要。スタート位置によって、かみ合わなくなる場合がある。かみ合わない時は、スタート位置をずらして、正面・背面・両側面全てがかみ合う場所から編み始める。

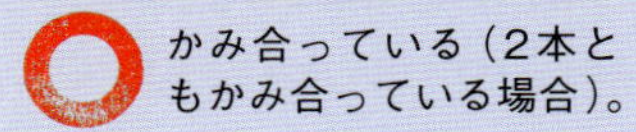

○ かみ合っている(2本ともかみ合っている場合)。

○ かみ合っている(1本でもかみ合っている場合)。

× かみ合っていない。

※横紐(奇数)と縦紐(奇数)の場合は、特にスタート位置に気を付けましょう。

大切なこと

1周編んだ後、正面・背面・両側面のかみ合わせを確認してから2段目を編み始める。

Basic Lesson 04

基本の編み方

四つだたみ編み

丈夫で強度がある編み方

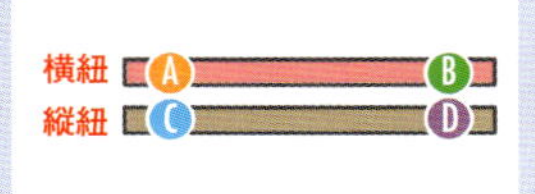

1 クラフトバンドを2本用意する。

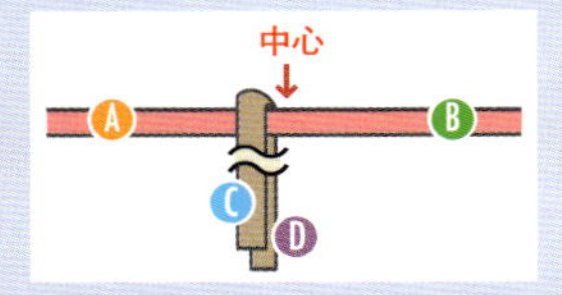

2 図のようにクラフトバンドを掛ける。

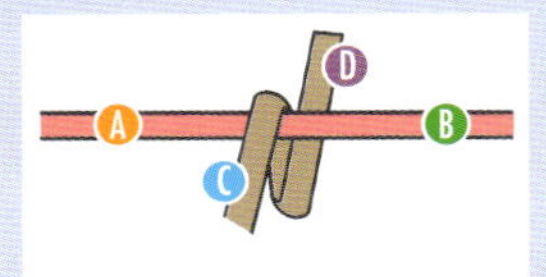

3 Ⓓを手前に曲げ、Ⓑの後ろに通し、輪を作る。

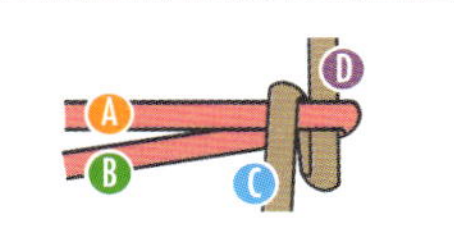

4 Ⓑを後ろに折る。

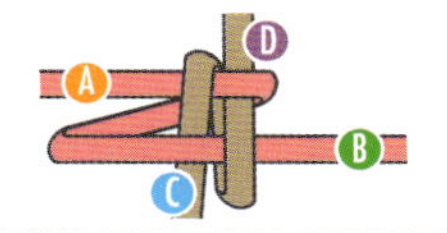
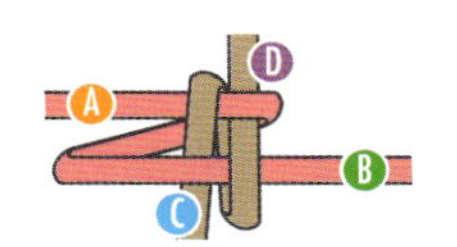

5 Ⓑを手前に曲げ、Ⓒの上からⒹの輪に通す。

6 それぞれを矢印の方向に引く。形良く整えて1コマの完成。

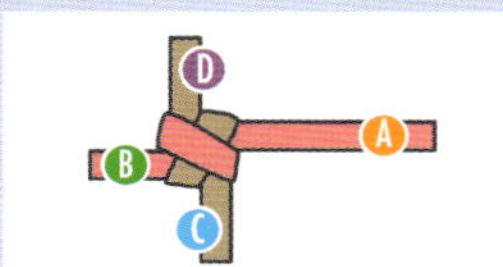

7 裏から見た場合。

大切なこと

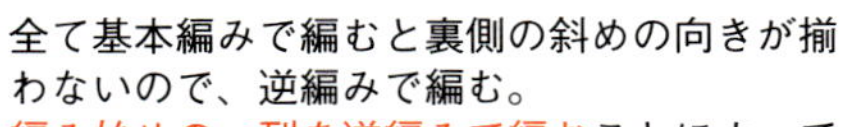

全て基本編みで編むと裏側の斜めの向きが揃わないので、逆編みで編む。
編み始めの一列を逆編みで編むことによって、裏側の斜めの向きを揃えることが出来る。
基本編みと逆編みの違いは、4のみ。

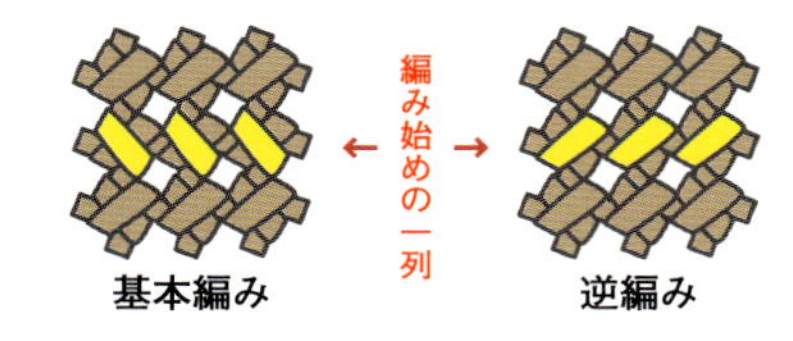

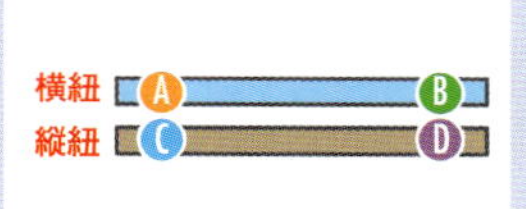

1 クラフトバンドを2本用意する。

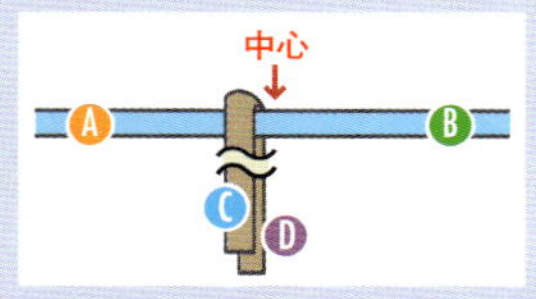

2 図のようにクラフトバンドを掛ける。

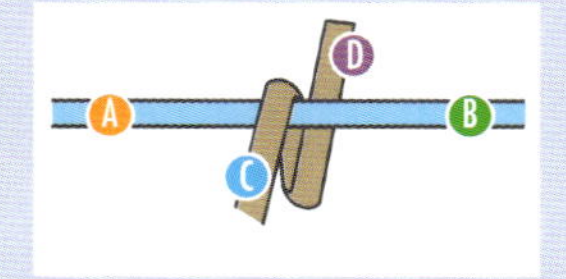

3 Ⓓを手前に曲げ、Ⓑの後ろに通し、輪を作る。

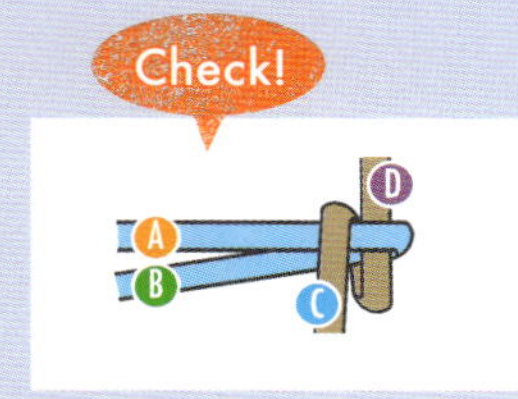

4 Ⓑを後ろに折り、Ⓓの輪に通す。

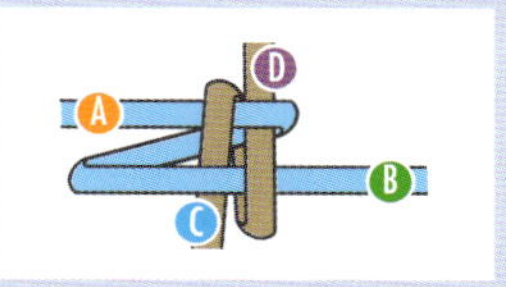

5 Ⓑを手前に曲げ、Ⓒの上からⒹの輪に通す。

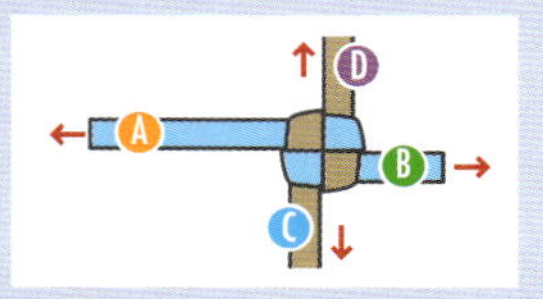

6 それぞれを矢印の方向に引く。形良く整えて1コマの完成。

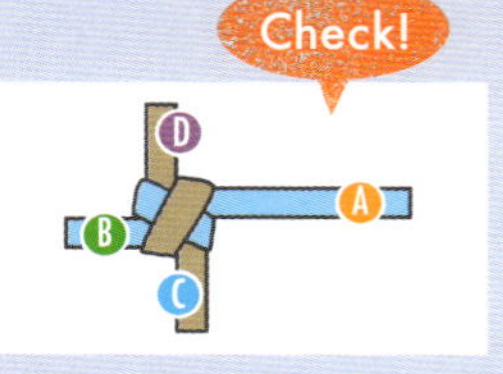

7 裏から見た場合。

クラフトバンドについて

本書ではM's Factoryのクラフトバンドを使用しています（P104～109参照）。
ここではクラフトバンドの素材や、種類による幅のちがいについて、確認しておきましょう。

1 クラフトバンドとは

牛乳パックや古紙を再生した国産の紙バンドです。丈夫な上にカラーが豊富で、色により作品の印象ががらりと変わる魅力があります。植物のツルよりも加工がしやすく、かご作りが初めてという方にもおすすめです。

2 クラフトバンドの幅の表示

本書では、クラフトバンドの幅を幅★★★・幅★★と表示しています。

※同じ幅表示でも、多少の誤差が生じる場合がございます。幅が異なるクラフトバンドで編んだかごは、仕上がりサイズ・形状も異なります。
※各レシピ指定の幅以外の紐で制作される場合には、過不足が生じます。

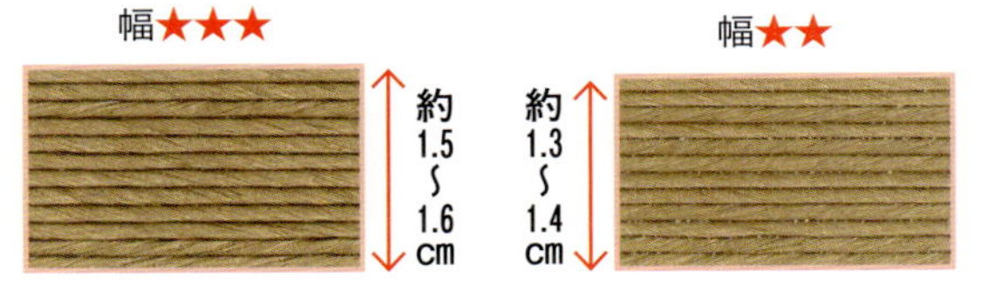

3 クラフトバンドの幅の誤差

同じレシピから編んだかごでも、サイズや形が変わります。
幅★★のレシピを幅★★★のクラフトバンドで編むと、寸法が足りなくなることがあります。
★★★と★★では、1mm程度の差があります。
たった1mmでも10段編むと1cmの差異が出ます。

正面

幅★★★　幅★★

側面

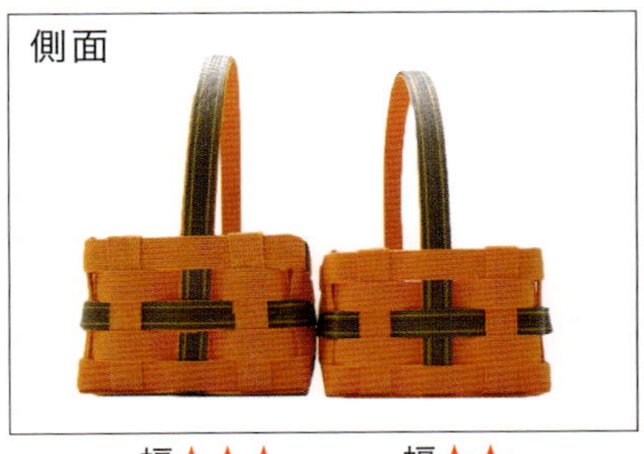

幅★★★　幅★★

底

幅★★★　幅★★

クラフトバンド色見本

同じ編み方でも配色を変えるだけで作品の表情が変わります。
お気に入りの作品が見つかったらお好みの色を自由に選んで
クラフトバンドの世界をお楽しみください。

幅★★

幅★★

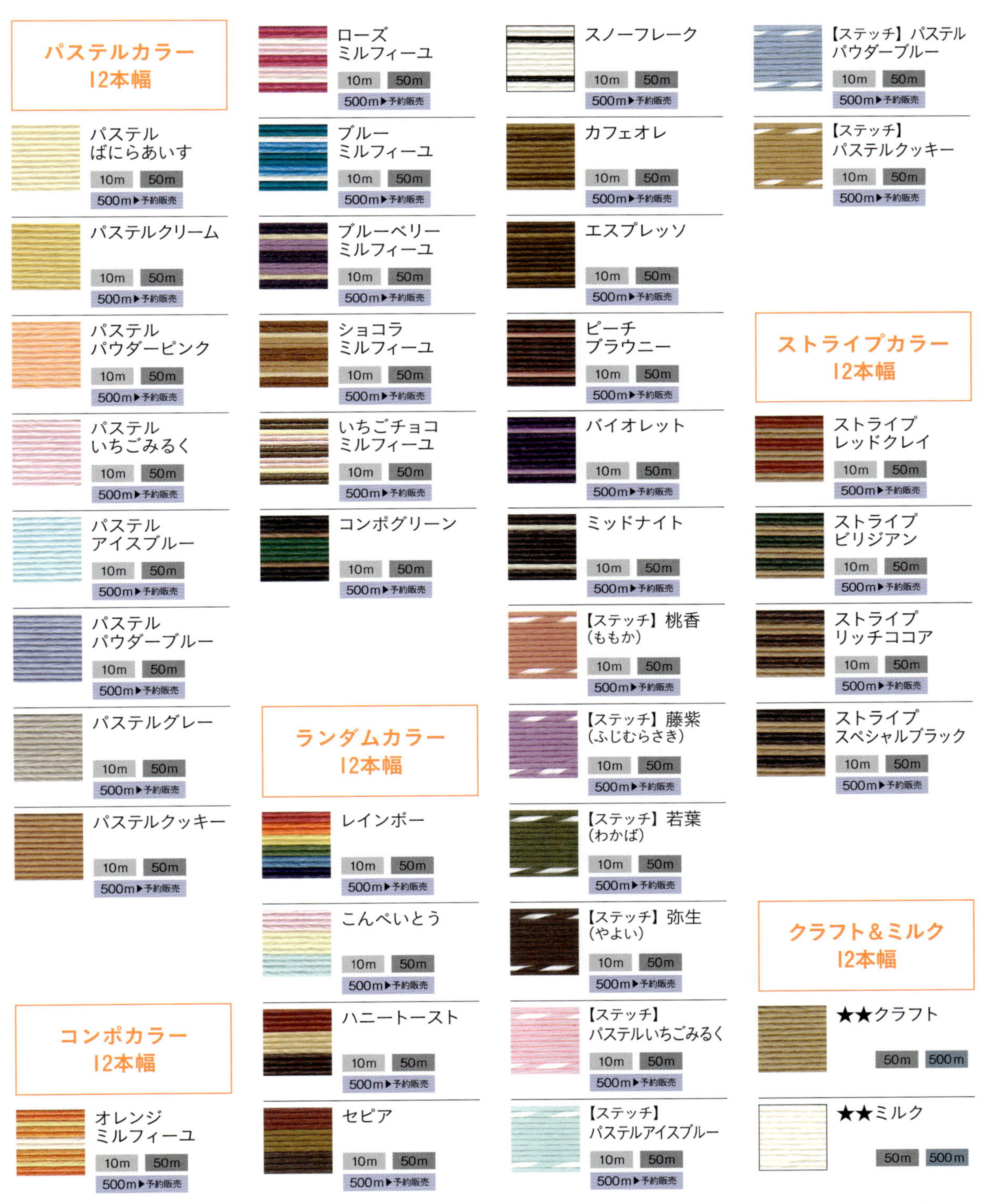

※★★がつく商品は★★★に同色があります。
※印刷の都合上、実物の商品とは多少色味が異なります。

幅★★★

単色カラー 12本幅

- スノーホワイト　50m
- バニラクリーム　10m　50m　400m　ハード（10m／30m）
- カスタードクリーム　10m　50m　400m
- ひまわり　10m　50m　400m
- スウィートオレンジ　10m　50m　400m
- ラズベリー　10m　50m　400m　ハード（10m／30m）
- レッド　10m　50m　400m
- チェリー　10m　50m　400m
- サーモン　10m　50m　400m
- さくら　10m　50m　400m　ハード（10m／30m）
- ピンク　10m　50m　400m
- スカイ　10m　50m　400m
- アクアブルー　10m　50m　400m
- レインドロップ　10m　50m　400m
- 紺　10m　50m　400m
- ネイビー　10m　50m　400m　ハード（10m／30m）
- すみれ　10m　50m　400m
- プルシャンブルー　10m　50m　400m
- メロンソーダ　10m　50m　400m
- ピーターズグリーン　10m　50m　400m
- アンティークグリーン　10m　50m　400m
- モスグリーン　10m　50m　400m　ハード（10m／30m）
- キャラメル　10m　50m　400m　ハード（10m／30m）
- 赤レンガ　10m　50m　400m
- モカ　10m　50m　400m　ハード（10m／30m）
- ブラウン　10m　50m　400m
- ココア　10m　50m　400m　ハード（10m／30m）
- ライトチョコ　10m　50m　400m
- パールグレー　10m　50m　400m
- ダークグレー　10m　50m　400m
- ブラック　10m　50m　400m　ハード（10m／30m）

パステルカラー 12本幅

- パステルバニラ　10m　50m　400m
- パステルまろん　10m　50m　400m
- パステルモカバニラ　10m　50m　400m
- パステルグリーン　10m　50m　400m
- パステルミント　10m　50m　400m
- パステルライラック　10m　50m　400m

ランダムカラー 12本幅

- 虹　10m　50m　400m▶予約販売
- チェリーブロッサム　10m　50m　400m▶予約販売
- レイニーブルー　10m　50m　400m▶予約販売
- クラシカルセレクション　10m　50m　400m▶予約販売
- シナモンシュガー　10m　50m　400m▶予約販売
- ティラミス　10m　50m　400m▶予約販売

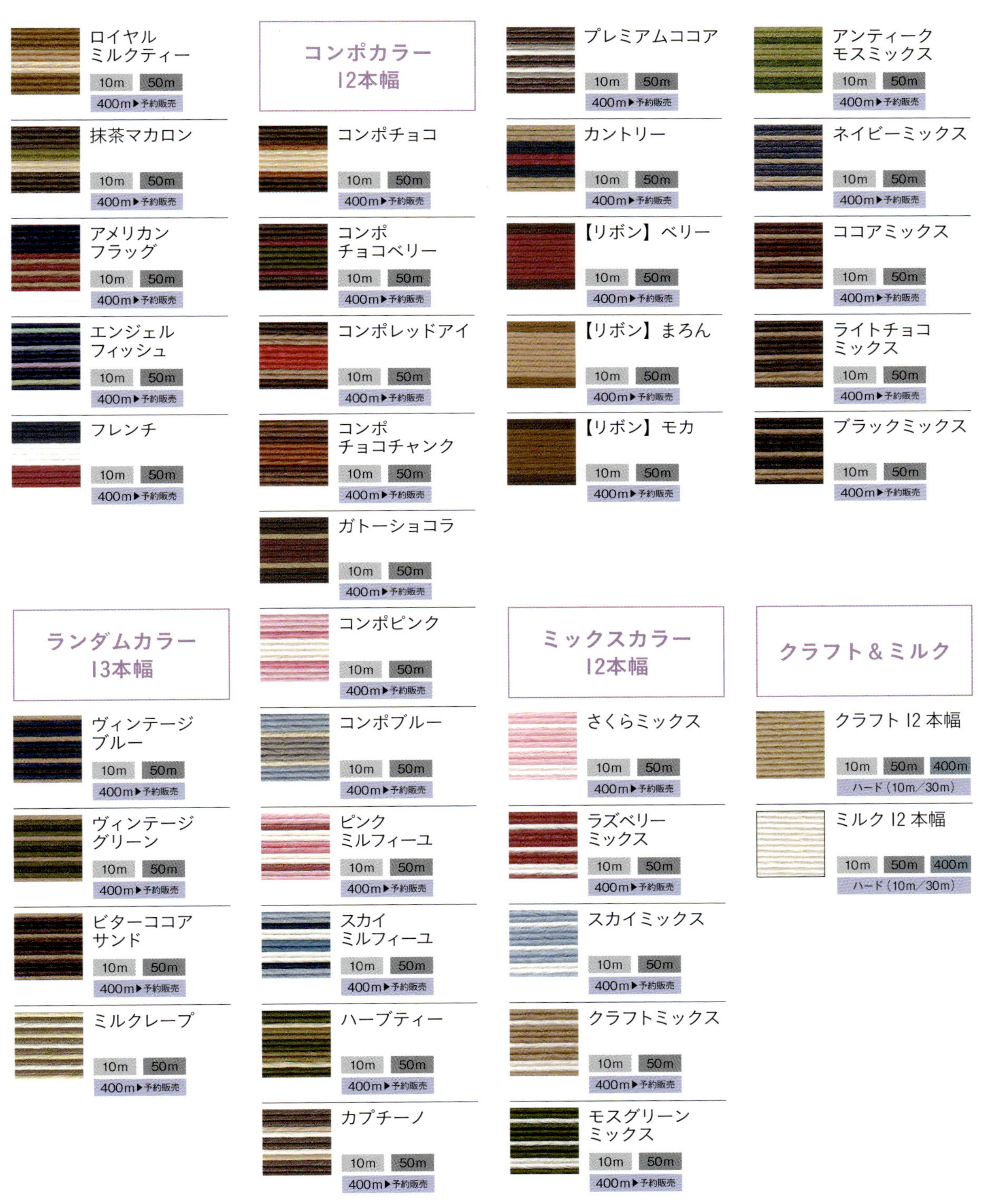

※「ハード」のクラフトバンドは、色見本内に記載のあるもののみの取り扱いとなります。
※印刷の都合上、実物の商品とは多少色味が異なります。

幅★★★

和風シリーズ 12本幅

きなこもち
10m 50m
400m▶予約販売
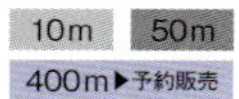

あんず
10m 50m
400m▶予約販売

元禄（げんろく）
10m 50m
400m▶予約販売
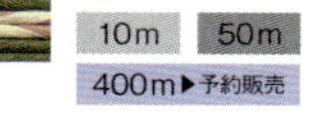

桃山（ももやま）
10m 50m
400m▶予約販売

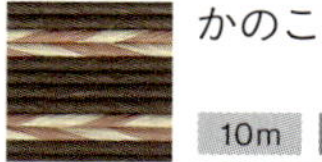
かのこ
10m 50m
400m▶予約販売

もなか
10m 50m
400m▶予約販売

大正ロマン
10m 50m
400m▶予約販売
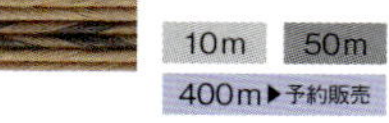

江戸紫
（えどむらさき）
10m 50m
400m▶予約販売
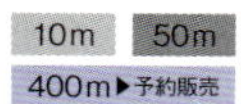

芭蕉（ばしょう）
10m 50m
400m▶予約販売
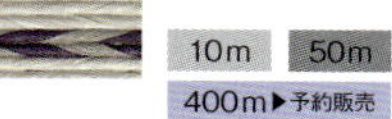

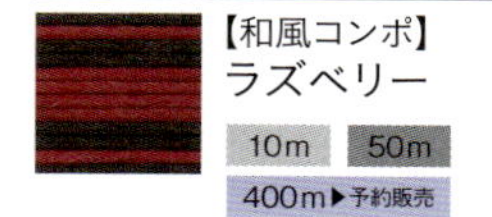
【和風コンポ】
ラズベリー
10m 50m
400m▶予約販売

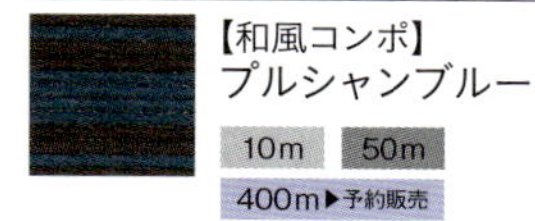
【和風コンポ】
プルシャンブルー
10m 50m
400m▶予約販売

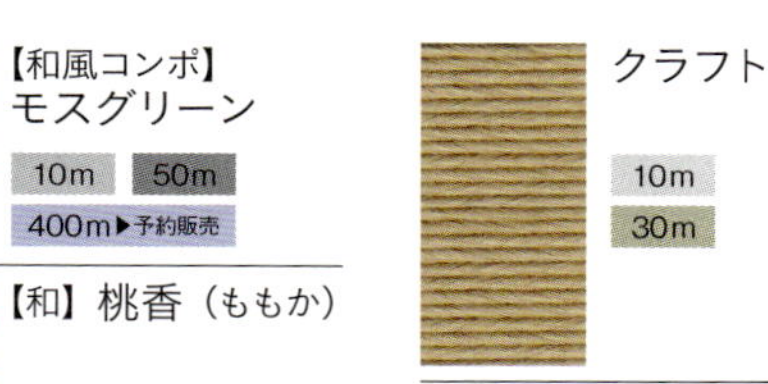
【和風コンポ】
モスグリーン
10m 50m
400m▶予約販売

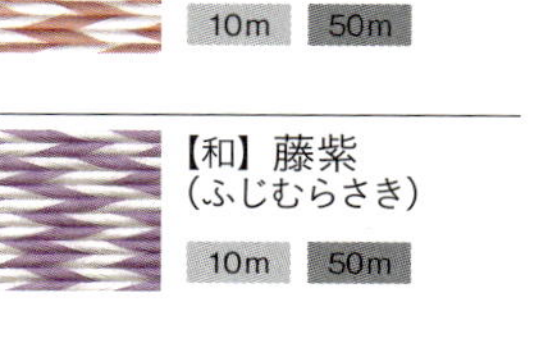
【和】桃香（ももか）
10m 50m

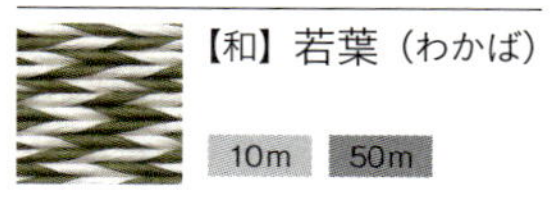
【和】藤紫
（ふじむらさき）
10m 50m

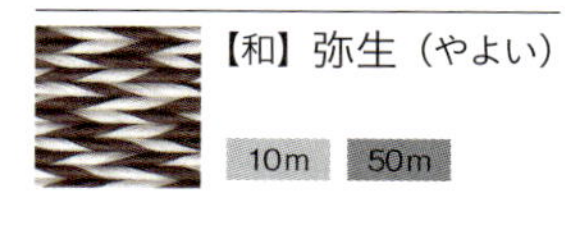
【和】若葉（わかば）
10m 50m

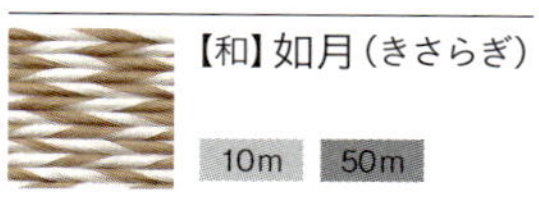
【和】弥生（やよい）
10m 50m

【和】如月（きさらぎ）
10m 50m

ダブル（24本幅）

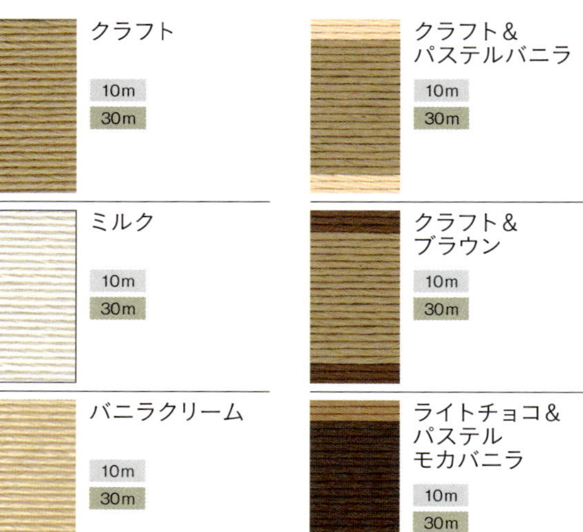
クラフト
10m 30m

ミルク
10m 30m

バニラクリーム
10m 30m

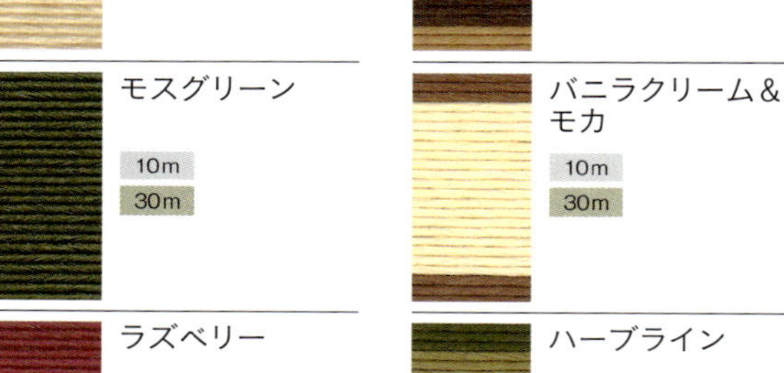
モスグリーン
10m 30m

ラズベリー
10m 30m

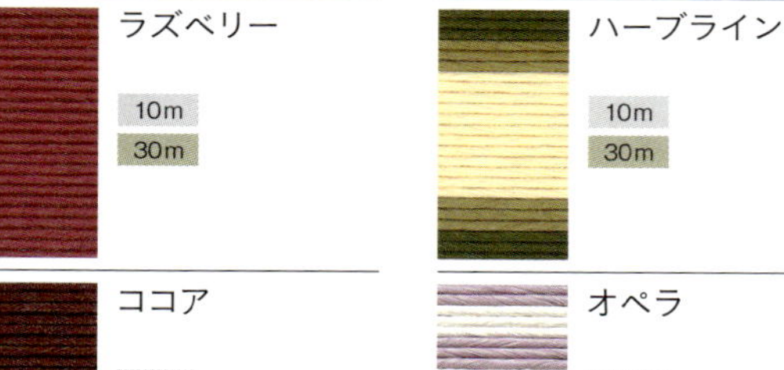
ココア
10m 30m

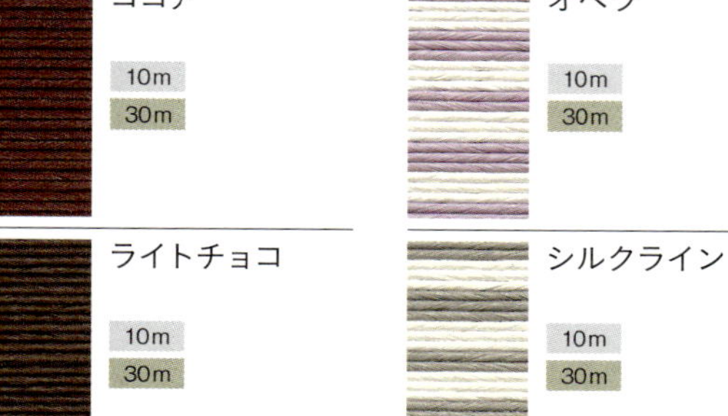
ライトチョコ
10m 30m

ブラック
10m 30m

クラフト＆
パステルバニラ
10m 30m

クラフト＆
ブラウン
10m 30m

ライトチョコ＆
パステル
モカバニラ
10m 30m

バニラクリーム＆
モカ
10m 30m

ハーブライン
10m 30m

オペラ
10m 30m

シルクライン
10m 30m

バウムクーヘン
10m 30m

ブレードコード

ブレードコード

クラフト

10m

ミルク
10m

クリーム
10m

ムースピンク

10m

ピーチツリー
10m

オリエンタル
レッド
10m

クランベリー
ソース

10m

パステル
パウダーブルー
10m

インディゴ
ブルー
10m

オリーブ

10m

マロングラッセ
10m

モカチョコ
10m

パステルグレー
10m

スペシャル
ブラック
10m

モカチョコ
ミックス

10m

レインボー
10m

副材料

ボタン

ぶーぶー
ウッドボタン
45サイズ
5個入り

バンブー風
ボタン
Sサイズ
5個入り

バンブー風
ボタン
Mサイズ
5個入り

牛角風ボタン－
こげ茶
Sサイズ
5個入り

牛角風ボタン－
こげ茶
Mサイズ
5個入り

ウッドボタン角
ナチュラル
5個入り

ウッドボタン角
メープル
5個入り

ウッドボタン角
ブラック
5個入り

ウッドボタン丸
ナチュラル
5個入り

ウッドボタン丸
メープル
5個入り

ウッドボタン丸
ブラック
5個入り

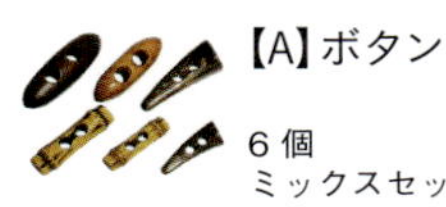
【A】ボタン
6個
ミックスセット

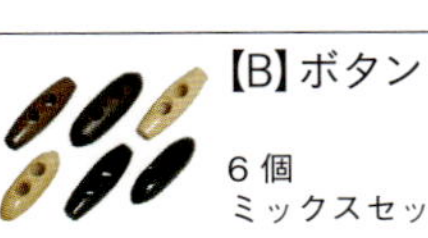
【B】ボタン
6個
ミックスセット

【A】マグネット
ボタン
4個セット
直径約1.4cm
つめ約7mm

【B】マグネット
ボタン
4個セット
直径約1.5cm
つめ約7mm

道具類

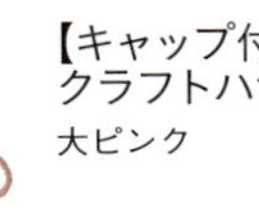
【キャップ付き】
クラフトハサミ
大ピンク

【キャップ付き】
クラフトハサミ
小

クラフト
軽量ハサミ
大

クラフト
軽量ハサミ
小

速乾！
スティック
工作用ボンド

コニシボンド
木工用速乾
180g

※印刷の都合上、実物の商品とは多少色味が異なります。

一般社団法人クラフトバンドエコロジー協会について

100種類以上の編み方を

当協会はクラフトバンド制作技術の普及・振興を目的とします。
正しい知識と技術が身に付く通信教育を始め、
クラフトバンド手芸の講師を育成、講師による技術の普及、
さらなる発展を目指しています。

【主な活動】
●クラフトバンドの編み方が学べる通信教育
●手芸教室開講
●レシピの開発・書籍の制作
●高齢者施設等で教室の実施
●東日本大震災の被災者へ内職を提供する支援事業

一般社団法人クラフトバンドエコロジー協会
TEL：0475-44-6333　FAX：0475-26-3421
受付時間：10：00 ～ 17：00　月～金曜日（土・日・祝日休業）
URL：http://www.kbea.jp/　e-mail：info@kbea.jp
〒297-0024 千葉県茂原市八千代 3-11-16　M's ビル　3F

この本で使用している
クラフトバンドに関するお問い合わせ先

株式会社 M's Factory

〒297-0024 千葉県茂原市八千代 3-11-16　M's ビル

インターネット http://www.shop-msfactory.com/

インターネットショップにて、24時間ご注文いただけます。

FAX 0475-44-6332

FAX注文用紙をお送りしますのでお問い合わせください。用紙に必要事項（商品名・ご注文数量・お名前・ご住所・電話番号・お支払い方法・ご希望配達日時。また、お届け先がご住所と異なる場合は、お届け先のご住所と電話番号）をお書きのうえ、ご送信ください。

TEL 0475-26-3315

受付時間：9：00～18：00　月～金曜日（土・日・祝日休業）

こちらの電話は、ご注文専門窓口です。作品の作り方についての質問にはお答え出来かねますので、ご了承ください。本に関するお問い合わせは、メールでお願いいたします。info@kbea.jp

制作スタッフ
装丁・本文デザイン　津嶋佐代子（津嶋デザイン事務所）
編集　横尾芙美（M's Factory）
撮影（プロセス除く）　下村しのぶ（Kanaria Photo Studio）
スタイリング　津嶋佐代子 & Kanaria Photo Studio

初めてでも作れる！
クラフトバンドのかご・バッグ&こもの

2016年5月31日　第1刷発行
2018年2月16日　第8刷発行

編著者　松田裕美
発行人　鈴木昌子
編集人　長崎　有
企画編集　亀尾　滋

発行所　株式会社　学研プラス
〒141-8415　東京都品川区西五反田2-11-8
印刷所・製本所　新灯印刷株式会社

〈この本に関する各種お問い合わせ先〉
・本の内容については　Tel 03-6431-1223（編集部直通）
・在庫については　Tel 03-6431-1250（販売部直通）
・不良品（落丁、乱丁）については　Tel 0570-000577
学研業務センター　〒354-0045 埼玉県入間郡三芳町上富279-1
・上記以外のお問い合わせは　Tel 03-6431-1002（学研お客様センター）